Dieter Hornemann

Nachfolge Christi – heute

Ein Weg zum Jünger-Werden

Verlag Urachhaus

ISBN 978-3-8251-7694-5

Erschienen im Verlag Urachhaus
www.urachhaus.com

Umschlagmotiv: Dorothea Hornemann
Umschlaggestaltung: Ursula Weismann
Gesamtherstellung: AALEXX Buchproduktion GmbH, Großburgwedel

Dieter Hornemann

Nachfolge Christi – heute

Inhalt

Einleitung 7
Wem sollen wir nachfolgen? 9
Warum ist Christus Mensch geworden? 11
Wo wandelt Christus heute? 15
Advent 17
Weihnachten 19
Epiphanias 23
Passion 25
Karwoche 31
Ostern 63
Himmelfahrt 73
Pfingsten 75
Johannis-Festeszeit 79
Michaeli 85
Nachfolge im persönlichen Leben 89

Anhang 91

Einleitung

Einmal hat es auf der Welt einen Menschen gegeben, der imstande war, jeden Augenblick bewusst zu ergreifen, vollständig im Hier und Jetzt in vollendeter Geistesgegenwart zu leben. Er lebt seit seiner Auferstehung auf geheimnisvolle Weise mit jedem Menschen. Seine Gegenwart kann von uns umso stärker erlebt werden, je mehr wir selber fähig werden, den Augenblick zu ergreifen, mit dem Leben mitzugehen. Den Weg seiner Nachfolge können wir als einen Pfad des Jünger-Werdens erleben. Martin Luther hat das Wort »Apostel« genial als »Jünger« übertragen. Er hat damit einen guten Griff getan. Denn Christus nachfolgen ist ein Weg, der uns mit Jugendimpulsen durchdringt. Wir erfahren die Wahrheit des Wortes von Novalis (1772–1801):

»Für Gott gehen wir umgekehrt, vom Alter zur Jugend.«

*

»ICH BIN das Licht der Welt. Wer mir nachfolgt, wird nicht mehr im Finstern wandeln. Ihm wird das Licht des Lebens leuchten.« (Joh 8, 12). Dieses Wort ist eine der entscheidenden Selbstaussagen Jesu Christi. An anderer Stelle – in der Bergpredigt – heißt es zu den Jüngern: »Ihr seid das Licht der Welt«. Was Er von sich selber sagt – dass Er für die Welt das Bewusstseinslicht bringt –, weist Er den Jüngern als Zukunftsziel. Er ist dafür gleichzeitig Vorbild und Helfer.

Durch Jahrhunderte war das Buch *Von der Nachfolge Christi (De imitatione Christi)* des Augustiner-Chorherren und Mystikers Thomas von Kempen (1379–1471) ein Lebensbegleiter vieler Menschen. Es war nach der Bibel das meistgelesene Buch. Es ist auch heute durchaus lesenswert, wenn auch die Art moralischer Ermahnungen, aus denen es besteht, uns nicht mehr so nahe liegt. Heute ist jeder Mensch zur Autonomie aufgerufen, selbst das Richtige zu erkennen und dementsprechend zu handeln. Die *Philosophie der Freiheit*, das Werk des jungen Rudolf Steiner, wird vielleicht in der Zukunft immer mehr diesen Platz einnehmen.

Wie kann eine Nachfolge Christi im heutigen Sinn aussehen? Um uns der Beantwortung dieser Frage zuwenden zu können, müssen wir zunächst einige Vorfragen klären.

Wem sollen wir nachfolgen?

Nehmen wir das oben angeführte Christus-Wort aus dem Johannes-Evangelium nicht nur als Metapher.

Christus bezeichnet sich selbst als das Licht der Welt. Das Licht der Welt geht von der Sonne aus. In unerschöpflicher Hingabe strömt die Sonne ihr Licht in den Kosmos. Auf der Erde wird dadurch Leben möglich. Alles Äußere in der Welt ist Ausdruck eines Inneren. So ist auch die Sonne äußere Offenbarung eines Wesens, des Christuswesens. In ihm lebt die göttliche Schöpferkraft, das göttliche Wort, der Logos. Alle Geschöpfe sind aus seinem Wirken hervorgegangen. Auch wir sind seine Geschöpfe.

Ihm nachzufolgen heißt, sich auf den Weg des schöpferischen Wirkens zu begeben. Der Schöpfer, der einst von außen an uns schaffend tätig war, will von innen, aus uns heraus, Zukunft schaffen. Kreativität ist das Zeichen des Christ-Seins. Die schöpferischen Kräfte der Seele sind die im Menschen wirksam werdenden Christuskräfte.

Zunächst wandeln wir in der Finsternis der Ich-Befangenheit. Die Begegnung mit Christus und der aus Liebe zu Ihm gefasste Entschluss zur Nachfolge lassen uns aus dieser Finsternis heraustreten. Wer schöpferisch tätig ist, kennt die Erfahrung, nicht aus dem Persönlichen zu wirken. Er schaut selbst auf das durch ihn Entstehende als auf ein Geschenk. Er war zwar mit Anspannung aller Kräfte an dem Schöpfungsprozess beteiligt. Und doch empfindet er das Entstandene als etwas *durch* ihn, nicht *von* ihm Gewordenes. Das Übergeordnete, das durch ihn wirkt, ist die von Christus ausgehende Schöpferkraft. Sie hat einst in der Natur gewirkt, jetzt hat sie ihr Tätigkeitsfeld in das Menschenherz verlegt. In der Natur bringt sie nur noch Wiederholung des bereits Vorhandenen hervor, im Menschen will aus ihr Neues entstehen.

Christus ist in Jesus Mensch geworden, er will in seinen Gemeinden immer mehr Menschheit werden. Durch das Schöpferisch-Werden bilden wir uns erst zu individuellen Menschen aus. Wie es in der Musik etwas über die Leistungen eines Solisten Hinausgehendes ist, wenn ein Orchester spielt, so entsteht aus der Kraft der Gemeinschaft noch mehr als das, was der Einzelne erreichen kann. Wo freie Menschen sich freiwillig zusammenschließen, entsteht die Gemeinde des Christus, die wahre Menschheit. Hier kann das größte Kunstwerk entstehen, die wahrhaft menschenwürdige Gesellschaft, in der jeder seinen Platz findet.

— Warum ist Christus Mensch geworden?

Der Mensch beginnt sein Erdenleben als hilfloses Geschöpf. Nur durch die liebevolle Fürsorge seiner Eltern kann er heranwachsen und das werden, was seine Bestimmung ist: ein selbstständiges, freies Wesen.

Was für die Entwicklung des einzelnen Menschen gilt, ist auch am Werdeweg der Menschheit als Ganzem zu sehen. Eingebettet in Stammes- und Sippenverbände beginnt der Mensch seinen Weg. Im Lauf der Entwicklung löst sich das Individuum aus diesen Zusammenhängen immer mehr heraus. Die Vereinzelung, die zunächst als leuchtendes Ziel der Individualisierung erscheint, trägt aber auch die Gefahr der Verirrung in sich. Das *Gleichnis vom verlorenen Sohn* aus dem Lukasevangelium (15, 11–32) schildert uns dies in anschaulicher Weise:

Ein Vater hat zwei Söhne. Der eine bleibt getreulich bei ihm, es geschieht nichts Besonderes. Der andere nimmt sein Erbteil und zieht in die Welt. Dort gerät er immer mehr in ein heilloses, ausschweifendes Leben und verprasst seine ganze Habe. Arm geworden, ist er froh, »sich den quälenden Hunger am Schweinetrog zu stillen«.

Endlich erinnert er sich seines Vaters und seiner Heimat. Er kehrt zurück, und es wird ihm die Vergebung gewährt, um die er bittet. Ja, es wird ihm nicht nur verziehen, sondern der Vater veranstaltet ein Freudenfest, denn seine Verirrung war nicht umsonst, er ist als ein innerlich Verwandelter zurückgekehrt.

Der unabhängige Mensch ist zunächst einmal der »verlorene Sohn«. Er hat die Verbindung zu seinem Ursprung verloren. An die Stelle des Angebunden-Seins an den göttlichen Ursprung treten nur allzu leicht alle möglichen Abhängigkeiten, die ihm seine Freiheit und seine guten Kräfte – sein Erbteil – rauben. Irgendwann aber kommt der Augenblick der Selbstbesinnung, der Selbsterkenntnis. Diese Selbstbesinnung wird oftmals erst »ganz unten« so durchdringend, dass eine Umkehr aus ihr folgt.

Die Kraft, die nun aus dem innersten Wesen heraus tätig wird, ist des Menschen eigenste Kraft, die Strahlkraft seines Ich. Das alles an sich ziehende Ego hat bisher gewirkt. Nun wird etwas ganz Neues geboren. Es ist zwar erst schwach und keimhaft, aber es hat die Kraft des Lebens in sich. Wie manchmal der Asphalt von einem schwachen Blümchen durchbrochen wird, so kann dieses Neue auch die größten Verhärtungen auflösen: Der verlorene Sohn kehrt um.

Diese im verborgenen Innersten des Menschenherzens vollzogene Wandlung, die sich immer wieder erneuern muss, bedarf eines Freiraumes. Dieser Freiraum, in dem nur das geschieht, was ich selber tue, braucht eine neue Gottesoffenbarung. Und zwar eine solche, von der nichts Überwältigendes oder gar Zwingendes ausgeht. Darum ist Christus Mensch geworden, damit wir uns Ihm im Freiraum des Irdischen frei anschließen können. Die kostbare Kraft der selbsttätigen Initiative kann in diesem Freiraum erwachsen und uns eine neue, selbst gewirkte Verbindung mit Gott finden lassen.

Als Christus am Kreuz hing, rief Er: »Mein Gott, mein Gott, warum hast Du mich verlassen?« In diesem Moment ist Er ganz Mensch geworden, Er erlebt die Gottverlassenheit des Menschen. Wir können das wie einen Ruf der Verzweiflung hören. Wir können es aber auch als Frage nehmen, die beantwortet wird. Die Antwort erfolgt durch die auf die Kreuzigung folgenden Ereignisse. Wir könnten sie so formulieren: »Ich habe dich verlassen, damit du mich auf neue Weise finden wirst.« Gott auf neue Weise finden zu lernen, dafür ist Christus unser leuchtendes Vorbild geworden, dem wir uns frei anschließen und der uns als Helfer zur Seite steht. Ihm auf diesem Wege nachzufolgen, ist unser christliches Ideal.

Wo wandelt Christus heute?

Die Jünger, welche damals Jesus Christus nachfolgten, begegneten Ihm im Land Israel und begleiteten Ihn auf seinen Wegen. Sie gehörten zu den wenigen Menschen, die offen genug waren, zu spüren, wer es war, der ihnen da begegnete. Diese Nachfolge war eine räumliche. Sie ist in dieser Weise heute nicht möglich, und ein Wiedererscheinen Christi im Sinne einer Wiederverkörperung wird es nicht geben.

Wo können wir Christus heute finden, um ihm nachzufolgen? Wo wandelt Er seit seiner Auferstehung und Himmelfahrt? Oder stellt sich diese Frage gar nicht, da Er doch »zur Rechten Gottes sitzt«, wie es im Glaubensbekenntnis heißt?

Die rechte Seite ist die Seite der Tat. Er hat den Platz zur Rechten Gottes eingenommen, das heißt, er vollbringt die Gottestaten für die Welt. Diese geschehen im Zeitenlauf, in der Weltgeschichte. Christus wandelt durch die Zeit; wer ihm folgen will, muss Zeitgenosse sein. Nur wer auf der Höhe der Zeit ist, kann ein Jünger im modernen Sinn sein. In der Apokalypse des Johannes, dem letzten Buch der Bibel, wird in grandiosen Bildern dieser Gang durch die Zeit geschildert. Es wird das in der Zukunft immer deutlichere Hervortreten des wiederkommenden Christus beschrieben und mit ihm das aller Wesen der geistigen Welt.

Allerdings ist dieses Buch sehr schwer zu verstehen. Und es ist durch Nichtverstehen dieser geheimnisvollen Schrift schon viel in der Welt angerichtet worden. Wenn für uns aber seine Bilder sprechend werden, kann es uns zu einem Lehrbuch der Nachfolge Christi werden. Christus nachzufolgen heißt in diesem Sinn, mit der fortschreitenden Geschichte mitzugehen, sie an dem Platz, den uns das Schicksal zuweist, mitzugestalten.

Der Zeitenstrom ist aber nicht nur das lineare Fortschreiten von der Vergangenheit in die Zukunft. Er vollzieht auch Kreisbewegungen. Einer dieser großen Kreisläufe ist der Gang des Jahreslaufes. In ihn sind die christlichen Feste eingefügt. Sie sind nicht nur Erinnerungsfeste, sondern lebendige Vergegenwärtigung des durch die Zeit schreitenden Auferstandenen. Ein immer tiefer empfundenes Miterleben der christlichen Feste ist eine Form der Nachfolge Christi.

Wer sich in ihr Wesen mit ganzer Hingabe vertieft, in immer neuer Wiederholung, der erfährt, dass diese Kreisläufe zu nach oben führenden Spiralen werden. Dann zählt unser Leben nicht nur danach, wie viele Lenze wir schon durchlebt haben, sondern danach, wie viele Male wir Ostern wirklich *er*lebt haben. Die durchlebten Lenze lassen uns älter werden. Die erlebten Osterfeste machen uns jünger. Im Folgenden wollen wir den Weg durch das christliche Jahr als einen Weg der Nachfolge Christi, des Jünger-Werdens beschreiben.

— Advent

Die vier Wochen vor dem Weihnachtsfest haben einen einzigartigen Charakter. »Als die Welt im Anfang war – da war sie ein blauer Adventsaltar.« So dichtete der Mitbegründer der Christengemeinschaft, Friedrich Doldinger. Und wirklich, es ist wie ein Wachwerden von Ahnungen des Uranfangs, das diese Zeit erfüllt. Urvergangenes steigt in der Seele auf. Gleichzeitig aber drängt die Zukunft. Vom Altar wird das Evangelium aus der sogenannten *Ölberg-Apokalypse* gelesen (Lk 22): »Es werden Zeichen sein in Sonne, Mond und Sternen ...«

Die Adventszeit endet mit dem 24. Dezember. Dies ist der »Adam-und-Eva-Tag«, der Gedenktag des Sündenfalls. Wenn wir den ersten Advent als den Augenblick der Gegenwart nehmen, kommen wir am 24. Dezember beim Tag des ersten Anfangs der Zeiten an. Der Zeitstrom hat sich umgekehrt, er fließt von der Gegenwart in die Vergangenheit. Dies erklärt uns den besonderen Charakter der Adventszeit. Sie beginnt sehr lieblich, wird aber im Zugehen auf Weihnachten zunehmend schwieriger. Eine gewisse Leere muss ausgehalten werden. Wer in sich noch nicht die Ruhe gefunden hat, wird leicht von dieser Leere in Betriebsamkeit und Hektik versetzt. Hier liegt eine Wurzel des Phänomens »Weihnachtsgeschäft«. Diese Leere einmal im Jahr zu durchschreiten ist aber sehr wichtig. Sie wird zum Innenraum, in welchem Weihnachten sich ereignet. Sie bildet die Krippe, in die das neugeborene Kind gelegt werden kann.

Die Adventszeit ist eine westliche Erscheinung. In der Welt der östlichen Christenheit, in der Orthodoxie, gibt es keinen Advent. Hier gibt es auch keine »Geschichte« im herkömmlichen Sinne. Religion heißt im Verständnis der östlichen Welt: getreuliches Überliefern des Ewigen. Die Ikonen werden noch ebenso gemalt wie vor tausend Jahren, die Kirchen im selben Stil erbaut. Der Gedanke der Entwicklung ist der östlichen Welt fremd.

So war es ein sehr besonderes Ereignis, als wir zum ersten Mal die Gelegenheit hatten, in dieser russisch-orthodoxen Umgebung Advent zu feiern. Das war am 6. Dezember 1992 in Moskau, am 33. Todestag von Emil Bock, einem der wesentlichen Begründer der Christengemeinschaft.

Die neu ins Russische übersetzten Adventsgebete, die blaue Farbe des Altars, die Tannenzweige neben dem Altar – all das brachte einen bis dahin nicht gehörten Ton in diese östliche Welt. Am Nachmittag dieses Festtages wurde ich Zeuge eines Geschehens, das sich mir unauslöschlich mit dem Advent in Moskau verbunden hat. Ein Mädchen aus der Gemeinde lud mich ein, zu einem Jugendclub mitzukommen. Wir fuhren mit der Metro zum Ismailowskij-Park. Dort versammelten sich in dieser Aufbruchzeit nach dem Ende der Sowjetherrschaft in einem Clubhaus etwa 120 junge Leute, um sich gegenseitig eigene Gedichte, Lieder und Musikstücke vorzutragen. Dies ging über viele Stunden. Sie versammelten sich dort um einen begabten Pädagogen herum, Sonntag für Sonntag. Es war überwältigend, welche schöpferische Kraft und Begeisterung einem da entgegenschlug! Advent einer zukünftigen Kultur.

Weihnachten

Das ewig Licht geht da herein,
es gibt der Welt ein' neuen Schein,
es leucht' wohl mitten in der Nacht,
und uns des Lichtes Kinder macht.

Diese Liedstrophe Martin Luthers spricht eine uralte Erfahrung aus. Es geschieht etwas Wirkliches in der Heiligen Nacht. Sie ist das Tor, durch welches das Licht der Ewigkeit in das Dunkel der Zeit hereindringen kann. Von alters her wird sie durch dreifachen Gottesdienst begangen:

In nocte – In der Tiefe der Nacht versammelt sich die Gemeinde an der Schwelle vom 24. zum 25. Dezember. Mysterienstimmung durchweht diese Stunde.

In aurora – In der Morgendämmerung, an der Schwelle des aufgehenden Tages, ist die zweite heilige Handlung. Hingebungsvolle Frömmigkeit, Hirtenstimmung durchklingt die frühe Stunde. »Engelsmesse« wird sie auch genannt.

In diē – Im vollen Tageslicht versammeln wir uns ein drittes Mal vor dem Altar. Innere Erkraftung, Schwungkraft und Enthusiasmus für das kommende Jahr können davon ausgehen.

Vielleicht werden wir am Mittag des 25. Dezember auf den vorigen Tag zurückblicken und empfinden, dass dieser schier endlos lange zurückliegt. Wir sind mit Christus gewandelt, haben uns von seiner Wandlungskraft ergreifen lassen. Nachfolge hat stattgefunden.

Für mich ist das Weihnachtserleben sehr stark mit der Musik von Christoph Peter (1927–1982) verbunden. Ich bin in der Christengemeinschaft Hannover aufgewachsen, wo damals Christoph und Veronika Peter das Gemeindeleben mit ihrem Musizieren beschenkten. Wenn wir zu Weihnachten frühzeitig zur Mitternachtshandlung kamen, war das ganze Haus schon von Musik durchklungen. Chor und Orchester übten sich ein, sodass die Kommenden in ein Meer von weihnachtlichen Klängen aufgenommen wurden. Die von Christoph Peter komponierte Musik ist von einer seelenvollen Wärme durchdrungen. Sie hat in mir den Sinn für moderne Musik mit ihren ungewohnten Klängen geweckt. Es gab natürlich Menschen, die es schwer damit hatten. Aber mehr und mehr wurde auch von ihnen entdeckt, dass der Hörende durch solche Musik für den Bereich erweckt wird, aus dem auch der Kultus stammt.

Während wir in der Weihenacht von dem Ereignis wie mitgenommen werden, obliegt es wiederum mehr uns selbst, während der folgenden Tage bis zum 6. Januar innere Schritte zu tun. Das punktuelle Erlebnis in einen Prozess überzuführen, ist nun unsere Aufgabe. Dabei kommt der Silvesternacht, eine Woche nach der Weihenacht, eine besondere Bedeutung zu. Sie ist die Oktave von Weihnachten und trägt uns wiederum mit besonderer Kraft hinauf zu den Quellen, aus denen der Zeitenlauf des neuen Jahres entspringt. Wir erfahren den tiefen Sinn der Tatsache, dass in diese Nacht der Anfang des neuen Jahres gelegt worden ist.

Nun kommt der Neujahrsmorgen. Ein wunderbarer Augenblick im Jahreslauf! Taufrisch liegt das neue Jahr vor uns wie ein unberührtes Schneefeld, in dem noch keine Spuren sind.

Unvergesslich ist mir der Neujahrsmorgen des Jahres 1979. Wir waren, wie schon viele Jahre vorher, mit etwa 80 jungen Leuten zur Silvesterfreizeit zu unserem tief im Wald gelegenen Heim, dem »Methorst« in der Nähe von Kiel, gefahren. Als wir am 27. Dezember dort ankamen, hatte starker Schneefall eingesetzt. Es schneite und stürmte immer heftiger bis in die Neujahrsnacht. Von überall her waren Hiobsbotschaften zu hören von Stromausfall, eingeschneiten Eisenbahnen und völligem Stillstand des Autoverkehrs. Der Verwalter unseres Heimes war in höchster Aufregung. Hing doch alles in diesem Haus vom Strom ab: die Heizung, die Wasserpumpe, die Küche, die Beleuchtung. So wurde die Situation immer dramatischer bis in die Silvesternacht hinein. Die Silvesterpredigt wurde vom brausenden Sturm begleitet, und alle fragten sich: Was ist das für ein Jahr, das da kommen will?

Und dann kam der Neujahrsmorgen. Die Elemente hatten zu tosen aufgehört. Der Himmel war klar, die Sonne beschien die tief verschneite, stille Welt. Der Nordostwind hatte eine wunderbare Klarheit gebracht. Von Skandinavien bis in die Mitte Deutschlands war der Verkehr zum

Erliegen gekommen. Das Ideal des autofreien Feiertages war von der Natur verwirklicht worden. Es war förmlich mit Händen zu greifen, dass wir zum Nachdenken aufgerufen werden sollten.

Was für ein Jahr begann da? 1879 hatte nach Rudolf Steiners geistiger Forschung der Erzengel Michael die Regentschaft als Zeitgeist für die nächsten dreieinhalb Jahrhunderte übernommen. 1979 begann sein zweites Jahrhundert. Dieser Beginn war von großer Feierlichkeit getragen. Es war, als ob der Flügelschlag des Erzengels selbst zu spüren sei.

Im Winter 2002/03 hatte ich Gelegenheit, in der Gemeinde in Johannesburg, Südafrika, auszuhelfen. Ich kam am ersten Advent dorthin, voller Spannung, wie dort wohl die Weihnachtsstimmung sein würde, mitten im warmen Sommer. Im Advent selber waren die Unterschiede erstaunlich gering. Die in den Adventsgebeten angesprochenen Licht- und Farbphänomene waren am afrikanischen Himmel in größter Intensität zu erleben. Als wir aber dann den Weihnachtsaltar bereiteten – er stand in einem Meer von Blumen, draußen sangen die Vögel – da wurde ich mit einem Mal von der Weihnachtsfreude in ihrer ganzen Stärke erfasst. Und ich dachte mir Folgendes: Bei uns im Norden ist Weihnachten ein Fest der menschlichen Innerlichkeit, hier auf der Süderde feiert die ganze Natur mit. Seither ist es mir jedes Jahr zur Weihnacht ein wichtiges Anliegen, innerlich auch diese Seite des Geschehens im Bewusstsein zu haben. Erst beide Pole des Erlebens umfassen das Weihnachtsereignis in seiner vollen Größe. Und es ist ein mächtiges Ereignis – das heute zu Unrecht oft so verniedlichte Weihnachtsfest.

Epiphanias

Das Fest der Erscheinung Christi (Epiphanias) am 6. Januar mit den darauf folgenden vier Wochen schließt sich an die zwölf Tage der Weihnachtszeit an. Zu der blauen Farbe der kultischen Gewänder und des Altares im Advent und dem Weiß von Weihnachten kommt jetzt der königliche Purpur hinzu.

Blau erscheint der Himmel über uns. Die Farbe erweckt die Sehnsucht nach der Himmelswelt. So ist die *Adventszeit* von Sehnsucht und erwartungsvoller Hoffnung durchdrungen.

Der Himmel öffnet sich zu *Weihnachten*, am Altar leuchtet die weiße Farbe. In goldenen Lettern erscheinen die Worte:

Geoffenbaret sei Gott in den Höhen
Und Friede auf Erden den Menschen,
Die eines guten Willens sind.

Weihnachten ist der Quellort des Wortes und seiner schöpferischen Kraft. Die Weihehandlung selbst erneuert ihre Kraft in der Heiligen Nacht. Das leuchtende Weiß ist eine Offenbarung dieser geheimnisvollen Erneuerungskraft. Wir freuen uns, wenn auch die Erde zu Weihnachten im weißen Kleid des Schnees erscheint. Wir empfinden unmittelbar, wie außerordentlich zutreffend dieses Bild ist.

Epiphanias offenbart sich im dunklen Purpur. Die Lichtoffenbarung der Weihnacht soll tief in unser Herz aufgenommen werden, Gemütsinhalt werden. Zum Licht kommt die Wärme hinzu. Während draußen die kälteste Zeit des Jahres ist, sollen wir ganz von Herzenswärme durchdrungen werden.

Es gibt sehr verschiedene Qualitäten von Wärme. Wie ein Kaminfeuer eine andere Wärme verbreitet als ein Elektroofen, so ist auch die Herzenswärme noch etwas ganz anderes als nur das Lebensfeuer der Vitalität. Diese Herzenswärme, die aus dem von Geisteswachheit durchleuchteten, andächtigen Gebet entsteht, sie will unseren ganzen Menschen durchströmen und verwandeln.

Erwartung – Erfüllung – Erinnerung bilden den Dreiklang des vollständigen Weihnachtsgeschehens. Durch das von Jahr zu Jahr tiefere und intensivere Mitleben folgen wir dem durch die Zeit Wandelnden nach, wir wandeln mit Christus. Er aber bleibt nicht im weihnachtlichen Lichtglanz. Dieser ist Seine himmlische Herkunft. Er verlässt ihn jedes Jahr aufs Neue, um ins Erdendunkel des Leidens und Sterbens zu gehen, um dem Tod das Leben, dem Niedergang der alten Welt den Aufgang einer neuen Welt zu entringen.

Passion

Mit dem Faschingssonntag, sieben Wochen vor Ostern, beginnt der nächste große Festeskreis. Im Evangelium, das an diesem Sonntag gelesen wird, hören wir von dem reichen Jüngling, der die Frage nach dem ewigen Leben stellt. Zur Antwort erhält er die Aufforderung, alles hinzugeben. Alles hingeben heißt letztendlich: sterben. So erfüllt sich das Schicksal dieses Menschen darin, dass er krank wird und stirbt. Aber sein Tod ist kein gewöhnlicher. Er zeichnet sich durch die Sehnsucht nach grenzenloser Hingabe und Christus-Verbundenheit aus. Und so kann er durch Christus zu neuem Leben erweckt werden (Joh 11). Der junge Mensch, den der Herr liebte (Mk 10), wird zu dem Jünger, der als Letzter berufen wurde, aber Jesus ganz besonders nahestand. Er nimmt nach seiner Erweckung den Namen des Täufers Johannes an, und als alle geflohen sind, steht er als einziger Jünger unter dem Kreuz. Im Johannesevangelium wird er immer nur mit den Worten »der Jünger, den der Herr lieb hatte« charakterisiert. An ihm bewahrheitet sich das Wort von den Letzten, welche die Ersten sein werden.

Am Anfang des österlichen Festkreises wird Johannes als *der* Jünger uns zum Vorbild vor uns hingestellt. Auch wir sollen lernen, im rechten Augenblick die wesentliche Frage zu stellen. Wir sollen den Pfad der Hingabe beschreiten und fähig werden, unter dem Kreuz zu stehen.

Im Evangelium des Faschingssonntags heißt es dann weiter:

»Siehe, wir ziehen hinauf nach Jerusalem. Und es wird alles vollendet werden, was geschrieben steht über den Sohn des Menschen. Er wird in die Hände der Gottlosen ausgeliefert werden. Sie werden ihn verspotten und verhöhnen, anspeien, geißeln und töten. Doch am dritten Tage wird er auferstehen. Seine Jünger aber verstanden nichts von alledem. Das Wort blieb verborgen vor ihnen, sie konnten nicht erkennen, was das Gesagte war.« (Lk 18)

Wir sind aufgerufen, mit Ihm hinaufzuziehen zum Golgatha-Hügel und mehr Verständnis aufzubringen, als es die Jünger damals vermochten. Auf das Verstehen kommt es jetzt vor allem an. Während das Weihnachts-Erleben vor allem eine Sache des Gemütes war, ist jetzt unser verstehendes Begleiten gefragt. Wir sollen verstehen, dass Christus durch sein Menschwerden das Schicksal allen Inkarniertseins teilt: Was geboren wird, muss auch sterben. Werden und Vergehen heißt das eherne Gesetz der geschaffenen Welt. Wie sollte auch Neues entstehen, wenn das Alte nicht stürbe?

Der Menschenleib ist die Zusammenfassung der ganzen gewordenen Welt. Er wird durch Christus dem Tode entrungen. Der auferstandene, vergeistigte Leib kommt in die Welt des ewigen Seins. Damit aber erhält die Welt des ewigen Seins einen neuen Impuls des Werdens. Im Himmel beginnt das Neuwerden, aus dem heraus eine neue Werdewelt entstehen kann. Aus der alten Werdewelt wurde durch Christi Auferstehung der Leib Jesu zum Sein erhoben, dem ehernen Gesetz des Vergehens entrungen. In der Welt des ewigen Seins wird er zum Keim der zukünftigen Welt.

Wir leben in der Welt des Werdens und Vergehens und teilen das Schicksal dieser Welt. Durch ein Essen, nämlich das Essen vom Baum der Erkenntnis, kam in die Welt die Sterblichkeit. Wiederum durch ein Essen, durch das Heilige Mahl der Vereinigung mit Christus, kommt in sie die Überwindung des Todes. Niemand hat das mit so innigem Verständnis auszudrücken vermocht wie der Dichter Novalis (1772–1801):

Hymne

Wenige wissen
Das Geheimnis der Liebe,
Fühlen Unersättlichkeit
Und ewigen Durst.
Des Abendmahls
Göttliche Bedeutung
Ist den irdischen Sinnen Rätsel;
Aber wer jemals
Von heißen, geliebten Lippen
Atem des Lebens sog,
Wem heilige Glut
In zitternde Wellen das Herz schmolz,
Wem das Auge aufging,
Dass er des Himmels
Unergründliche Tiefe maß,
Wird essen von seinem Leibe
Und trinken von seinem Blute
Ewiglich.

Wer hat des irdischen Leibes
Hohen Sinn erraten?

Wer kann sagen,
Dass er das Blut versteht?
Einst ist alles Leib,
Ein Leib,
In himmlischem Blute
Schwimmt das selige Paar. –

O! dass das Weltmeer
Schon errötete,
Und in duftiges Fleisch
Aufquölle der Fels!
Nie endet das süße Mahl,
Nie sättigt die Liebe sich.
Nicht innig, nicht eigen genug
Kann sie haben den Geliebten.
Von immer zärteren Lippen
Verwandelt wird das Genossene
Inniglich und näher.
Heißere Wollust
Durchbebt die Seele.
Durstiger und hungriger
Wird das Herz:
Und so währet der Liebe Genuss
Von Ewigkeit zu Ewigkeit.
Hätten die Nüchternen
Einmal gekostet,
Alles verließen sie,
Und setzten sich zu uns
An den Tisch der Sehnsucht,
Der nie leer wird.

Im Evangelium des Faschingssonntags wird im Anschluss an die Ankündigung »Siehe, wir ziehen hinauf nach Jerusalem ...« von der Nachfolge gesprochen. Es heißt da:

»Wenn einer mir nachfolgen will, so verleugne er sich selbst, nehme sein Kreuz auf sich, und so folge er mir nach.«

Mit dem verständnisvollen Begleiten des Leidensganges Christi ist unendlich viel mehr gemeint als nur das Verständnis des Zuschauers. In unseren Schicksalen setzt sich Christi Leidensweg fort. Wir sollen unser Kreuz auf uns nehmen, dann kann er uns tragen helfen, dann kann er in unserem Sterben dem Tod wieder ein Stück Land entreißen. Vor diesem Hintergrund gibt es kein sinnloses Leiden oder gar unwertes Leben.

Wir sind erwürdigt, an dem großen Kampf um die Zukunft teilnehmen zu dürfen – jeder an dem Platz, den ihm das Schicksal zuweist. Gerade solche Schicksale, die, vom äußerlichen Gesichtspunkt aus angeschaut, wenig herausragend sind, können da entscheidende Kampfplätze sein, wo Wesentlichstes für die Zukunft errungen wird. So manch ein unheilbar Kranker, mit Behinderungen Lebender oder Altersschwäche Erduldender leuchtet als Fackel auf dem Pfad der Nachfolge Christi.

Karwoche

Das Osterfest ist nicht an ein bestimmtes Datum gebunden. Es bewegt sich mit dem Mond. Am Sonntag nach dem Frühlingsvollmond wird Ostern gefeiert.

In den alten Kulturen haben die Menschen sehr stark mit dem Mond gelebt. Man schaute auf zum Himmel, wenn man Orientierung im Zeitenlauf suchte. In der islamischen Welt können wir das noch heute erleben. Im Fastenmonat Ramadan wird das Zunehmen und Abnehmen des Mondes jeden Abend bzw. Morgen angeschaut, bis am Ende das große Neujahrsfest anbricht.

Immer mehr Menschen entdecken, wie auch für das unmittelbare, praktische Leben ein Beachten der Rhythmen des Mondes hilfreich ist. Wer mit Kindern zu tun hat, weiß, wie stark ihre Beziehung zum Mond ist. Schon die ganz Kleinen geraten vor Begeisterung schier aus dem Häuschen, wenn sie den Mond am Himmel sehen. Und es ist schön, kleinen Kindern den Mond als Zeitmesser nahezubringen. Zum Beispiel ist es für Kinder viel anschaulicher, wenn wir sagen: »Noch dreimal Vollmond, dann kommt Weihnachten«, als wenn gesagt wird: »In drei Monaten ist Weihnachten.« (Obwohl unser Wort »Monat« ja auch vom Mond herrührt. Aber wer denkt noch an den Mond, wenn er »Monat« sagt?)

In der Bestimmung des Osterdatums (am Sonntag nach dem Frühlingsvollmond) schwingt noch etwas von dieser ursprünglichen Himmelsverbundenheit des Menschen nach. Und es beginnt das Zuleben auf das Osterfest spätestens dann, wenn wir die junge Sichel des Ostermondes am Abendhimmel entdecken. Vielleicht erblicken wir sogar die matt leuchtende Scheibe des ganzen Mondes, die in der hellen Sichel ruht wie die heilige Hostie in der Gralsschale.

Das können wir bei jedem zunehmenden Mond sehen. Aber so, wie in der Weihnachtszeit die Sterne stärker funkeln als sonst, so ist die matt leuchtende Scheibe des Ostermondes intensiver als zu anderen Jahreszeiten. Das sind Feinheiten der Naturbeobachtung, die wir entdecken können. Das Christentum geht nicht nur uns Menschen an, es geht auch die Natur an. So ist es nicht verwunderlich, dass auch in der Natur feine Echos zu entdecken sind. Wer hätte nicht schon einmal erlebt, wie sich am Sonntag, manchmal entgegen aller Vorhersagen, ein »Sonntagswetter« durchsetzt?

Die Karwoche lädt uns ein, uns von Tag zu Tag in ihre Ereignisse zu vertiefen. Von Kaiser Karl IV. (1316–1378) wird berichtet, dass er sich jedes Jahr in der Karwoche ganz zurückzog, um aus der Kontemplation Impulse für seine Tätigkeit zu erlangen. Auch unser Leben kann entscheidende Anregungen und Belebungen aus dieser Woche erhalten. Vor allem ist das, was wir da erfahren, ganz unerschöpflich. Noch heute findet sich im Sprachgebrauch die Wendung, dass wir unser Alter nach erlebten »Lenzen« bestimmen.

Dies betrifft den äußeren Menschen, der eben von Jahr zu Jahr älter wird. Der innere Mensch wird durch die Ostererfahrung von Jahr zu Jahr jünger. Nachfolge Christi ist der Pfad des Jünger-Werdens.

Palmsonntag

Die große Woche ist wie eine Zusammenfassung des ganzen Christuslebens. Vierzig Tage vor dem 3. April 33, dem Todestag Jesu, am 23. Februar hatte sich in Bethanien die Erweckung des Lazarus vollzogen, des Jüngers, »den der Herr lieb hatte«. Bethanien war ein kleiner Ort bei Jerusalem. Nach diesem Ereignis hatten die Hohen Priester den Beschluss gefasst, Jesus zu töten. Jesus aber hielt sich im Verborgenen. Alle warteten gespannt auf sein Erscheinen zum Passahfest. Passah, das Erinnerungsfest an den Auszug der Kinder Israels aus Ägypten, war der Zeitpunkt im Jahreslauf, an dem das Auftreten des Messias erwartet wurde.

In diesem Jahr war das Passahfest ein besonderes, weil der Frühlingsvollmond, an dem immer Passah gefeiert wurde, auf den Sabbat fiel. Besonders bei den Bewohnern von Bethanien, die das gewaltige Geschehen der Totenerweckung miterlebt hatten, stieg die Erwartung von Tag zu Tag. Sie waren es dann, die ihm zujubelten, als er auf dem Esel reitend sich der Stadt näherte. Sie begleiteten ihn auf dem Weg nach Jerusalem, schlugen Palmzweige ab und legten sie auf den Weg (daher der Name *Palm*sonntag). Als die Menschen in der Stadt fragten, wen sie da so bejubelten, antworteten sie: »Das ist Jesus, der Prophet.«

Die Erscheinung Christi auf Erden, bejubelt von Engeln, Hirten und Königen, klingt noch einmal im Geschehen des Palmsonntags nach.

Das ist wie ein Urbild für den Anfang des menschlichen Lebens überhaupt. Wenn ein Kind erwartet wird, ist die frohe Erwartungsstimmung und auch die Frage »Wer ist dieser?« das, was die Eltern und die Umgebung erfüllt. Palmsonntagsglanz leuchtet über dem Anfang des Lebens.

Als Christus in den Tempel kam, jubelten ihm sogar die Kinder zu. Unwillig darüber verlangten die Hohen Priester und Schriftgelehrten, er solle die Kinder zum Schweigen bringen. Jesus antwortete ihnen mit dem Wort aus dem zweiten Psalm: »Aus dem Munde der Unmündigen und Säuglinge hast du eine Macht begründet auf Erden.«

Dieses Wort ist so recht ein Motto des Lebensanfangs. Mit jedem Kind, das geboren wird, kommt Himmelsglanz auf die Erde. Wie dieser himmlische Glanz der Kindheit nicht einfach bleiben kann, so muss auch das Leuchten des Palmsonntags im Osterlicht neu errungen werden, nachdem es durch die Tiefen des Leidens und Sterbens gegangen ist. Davon berichten uns die weiteren Tage der Karwoche.

— Karmontag

In der Frühe des Karmontags kommt der Herr in Bethphage an einem Feigenbaum vorüber. Ihn hungert, und da keine Früchte zu finden sind – es ist auch nicht die Zeit der Feigen –, verflucht er den Feigenbaum: »An dir sollen nie wieder Früchte wachsen!«

Dieses rätselvolle Bild stellt der Karmontag vor uns hin. Wie können wir uns ihm nähern?

Im Paradies werden zwei Bäume benannt, der Baum des Lebens und der Baum der Erkenntnis. Den Baum der Erkenntnis verbinden wir gewöhnlich mit dem Apfelbaum, obwohl davon nichts in der Bibel steht. Nach alter jüdischer

Überlieferung war es ein Feigenbaum. Das berührt sich mit der indischen Tradition, derzufolge der Buddha seine Erleuchtung unter einem Feigenbaum sitzend empfing. Die botanische Bezeichnung für eine bestimmte Art von Feigenbaum lautet sogar »ficus religiosus«.

Das Sitzen unter dem Feigenbaum meint das Meditieren der göttlichen Kräfte, die in allem Natürlichen wirken. Der eigene Leib mit seinen strömenden Lebenskräften wurde in solcher Meditation wie ein Baum empfunden. Diese Art von Gotteserlebnis kam auch in dem Wort, welches das Göttliche bezeichnete, zum Ausdruck. Das hebräische Wort für Gott heißt El, auch im arabischen Wort Allah lebt derselbe Wortstamm. Es war das Erleben des Lautes L, das das Erleben der göttlichen Kraft in den strömenden Lebenskräften zur Offenbarung brachte. Diese Art der Gotteserfahrung war nur in einem Gefühl des Sich-Auflösens, in der Ekstase möglich. Sie war noch ein Erbe des Paradieses. Dieses Erbe war verbraucht, es war nicht mehr die Zeit der Feigen.

Seltsamerweise ist das deutsche Wort Feige doppelsinnig. Die Kraft, die für die Gotteserfahrung der Zukunft notwendig ist, ist das Gegenteil der Feigheit – der Mut. Das ist das Thema des Kardienstags.

Auch im Geschehen des Karmontags spiegeln sich Gesetzmäßigkeiten der Biografie. Während der Palmsonntag vom Glanz der Erdenankunft überleuchtet war, spricht der Karmontag etwas aus über die mitgebrachten Fähigkeiten und ihre Verwandlung. Jedes Kind bringt mehr oder weniger Genialität mit ins Leben. Es sind Begabungen da, die nicht in diesem Leben entstanden sind, sondern als

Geschenke mitgebracht werden. Im Heranwachsen taucht dann die spannende Frage auf, ob das Kind das Lernen lernt oder ob es sich nur auf seine Begabungen verlässt. Besonders für reich Begabte ist das entscheidend und oft besonders schwierig. Denn im Lauf des Erwachsenwerdens tritt die Bedeutung der Begabung zurück, mehr und mehr zählt nur das selbst Erarbeitete. Im Alter von etwa zehn bis zwölf Jahren kommt alles darauf an, dass das Kind konsequentes Lernen und Üben lernt. Deshalb ist das Erlernen eines Musikinstrumentes so hilfreich für die Ausbildung der Persönlichkeit. Im täglichen, konsequenten Üben bildet sich die Kraft aus, die durch das ganze Leben tragend sein kann, wenn – bildlich gesprochen – der Feigenbaum verdorrt.

Bei einer Jugendtagung in der Karwoche in Frankfurt 1988 fand am Karmontag eine sehr sprechende künstlerische Aktion statt. Der Karmontag ist ja auch der Tag der Tempelreinigung. Christus vertreibt all die Händler und Wechsler aus dem Tempel. Er spricht: »Ihr habt das Haus der Anbetung zu einer Räuberhöhle gemacht.«

Die jungen Leute sagten sich, die Stadt sollte eigentlich ein Ort der Menschenbegegnung sein. Sie müssten sie symbolisch von allem reinigen, was das verhinderte. So zogen achtzig Jugendliche mit Besen los in Richtung Innenstadt und fegten in einer breiten Reihe die Zeil, die Fußgängerzone im Zentrum der Stadt. Viele schöne Begegnungen ergaben sich dabei. Die Menschen verstanden unmittelbar den Sinn der Aktion, zumal die Abfallhaufen, die zusammenkamen, auch eine deutliche Sprache sprachen.

— Kardienstag

In der Frühe des Kardienstags kommen die Jünger mit Jesus in ihrer Mitte wieder an dem Feigenbaum vorüber. Da spricht Petrus zu Jesus: »Meister, der Feigenbaum, den du verflucht hast, er ist verdorrt bis in die Wurzel.« Die Jünger erhalten die rätselvolle Antwort: »Wenn ihr Glauben hättet und in eurem Herzen nicht zweifeltet, so könntet ihr zu diesem Berge sprechen: Hebe dich und stürze dich ins Meer, und es würde geschehen.«

Von welchem Berg und welchem Meer ist hier die Rede? Wie so oft im Evangelium müssen wir die bildliche Ausdrucksweise verstehen. Das materielle Leben kann auf uns lasten wie ein Berg. Ein Berg von Sorgen, Ängsten und Befürchtungen drückt auf die Seele. Der innerste Seelenmut, der Glaube, ist die starke Kraft, die den Berg heben kann, sodass er sich im Himmelsmeer über uns auflöst. Doch der Glaube ist immer am Anfang klein wie ein Senfkorn. Immer wieder neu muss er zum Wachsen gebracht werden. Wie eine verborgene Sonne in den Tiefen der Seele kann der Glaube anfangen zu strahlen, wenn wir ihn erwecken. Als Keim ist er immer da. Rudolf Steiner sprach von diesem Geheimnis. Es ist ein Weihnachtsgebet, aber doch immer gültig:

In des Menschen Seelengründen
Lebt die Geistessonne siegessicher.
Des Gemütes rechte Kräfte
Sie vermögen sie zu ahnen
In des Innern Winterleben …

Diese Geistessonne wird von den Seelenwolken verdeckt. Vielleicht gelingt es uns nur für Augenblicke, die Wolken zu vertreiben. Aber in solchen Augenblicken können wir erleben, wie der Berg sich hebt. Dann sind wir unbeschwert, die Glaubenskraft ist rege geworden.

Das Herunterziehende und Bedrückende wird sich wieder geltend machen. Aber wir wissen jetzt: An der Auseinandersetzung mit ihm kann unser Glaube wachsen und stärker werden. Waren es am Anfang nur kleine Berge, so mutet uns das Schicksal bald größere zu. Unsere ganze Erdenaufgabe besteht in diesem Heben des Berges. Die Erde soll durch uns vergeistigt werden. Daran sind wir tätig in der Erfüllung unserer Schicksale, ein jeder an seinem Platz.

Auch der Kardienstag spricht von den Geheimnissen der Biografie. Wer gelernt hat, nicht einfach nur seine Begabungen auszuleben, kann eintreten in die Auseinandersetzung, die das Leben ihm bietet. Am Kampf mit den eigenen Schwächen wächst die Kraft, die nur im Erdenleben errungen werden kann, die Ich-Kraft.

An diesem Dienstag der Karwoche ist zunächst vom Glauben die Rede, dann wird uns von verschiedensten Streitgesprächen erzählt. Pharisäer und Schriftgelehrte versuchen, Jesus mit Fangfragen in Widersprüche zu verwickeln und zu überführen. Er aber antwortet mit ruhiger Klarheit, sodass sie an Ihm scheitern und schließlich keiner mehr wagt, weitere Fragen an Ihn zu richten.

Der erwachsen werdende Mensch kommt in den Auseinandersetzungen des Lebens in die Notwendigkeit, immer stärker die ruhige Klarheit des Bewusstseins zu entwickeln. Dadurch erreicht er die Standfestigkeit, die wir auf der Erde erlangen können, von der auch im Koran gesprochen wird: »Allah ist mit den Standhaften.«

Am Abend gehen die Jünger mit Christus wieder zurück nach Bethanien. Der Weg führt über den Ölberg, und sie schauen von dort auf die Stadt. Da weisen die Jünger Ihn auf die Schönheit des Tempels hin. Der Herr aber belehrt sie: »Kein Stein wird auf dem andern bleiben …« Es beginnt die Rede, die gewöhnlich als die »kleine« oder auch als »Ölberg-Apokalypse (Lk 21) bezeichnet wird. Dies gehört auch zum Kardienstag: dass der Blick in ferne Zukunft schweift bis hin zum Weltgericht. So spannt dieser Tag einen weiten Bogen. Uns wird die Aufgabe, die Erde zu verwandeln, den Berg zu heben, vor Augen gestellt. Und es wird deutlich gemacht, dass die Zeit bemessen ist, dass einst ein jüngster, ein letzter Tag kommen wird.

So ist es im Lebenslauf auch. Wenn wir ganz auf der Erde angekommen sind, unsere Aufgabe ergriffen haben, macht sich auch die Endlichkeit des Lebens geltend. Wir fühlen, dass wir nur die begrenzte Zeit haben, die uns zugemessen ist. Und wir wissen nicht, wie lange das sein wird.

— Karmittwoch

Von diesem Tag wird uns nur eine kurze Szene berichtet. Nach dem Bericht des Matthäus klingt das so:

Als Jesus in Bethanien im Hause Simons des Aussätzigen war, trat eine Frau zu ihm, die hatte ein Gefäß mit kostbarem Salböl. Das goss sie über sein Haupt, da er zu Tische saß. Als das

die Jünger sahen, wurden sie unwillig und sprachen: Was soll die Verschwendung! Das hätte doch teuer verkauft und der Erlös den Armen gegeben werden können.
Als Jesus das hörte, sprach er: Was betrübt ihr die Frau? Sie hat gut an mir gehandelt. Arme habt ihr immer, um an ihnen Gutes zu tun. Mich habt ihr nicht immer. Das Öl auf meinem Haupt hat sie für mein Begräbnis vergossen. Wahrlich ich sage euch: Wo immer dieses Evangelium verkündet werden wird, wird man auch ihrer Tat gedenken.
Da ging Judas Iskarioth, einer der Zwölf, zu den Hohen Priestern und sagte: Was wollt ihr mir geben, wenn ich ihn euch verrate? Sie boten ihm dreißig Silberstücke. Von da an suchte er eine Gelegenheit, ihn zu verraten.

Eines der Hauptmotive, das die ganze Karwoche durchzieht, ist die Tatsache, dass wir Menschen uns entscheiden müssen. Die Entscheidung für oder gegen Christus ist die größte Entscheidung. Urbildlich erscheint sie am Karfreitag im Verhalten der beiden Mitgekreuzigten. Der zur Rechten Christi wendet sich Ihm zu, der zur Linken verspottet Ihn und wendet sich ab. Sie sind in dem Augenblick wie stellvertretend für die ganze zukünftige Menschheit, die sich ihrem Retter entweder hilfesuchend zu- oder auch von ihm abwenden kann.

Jetzt, am Karmittwoch, tritt das Motiv der *Entscheidung* auf. Einerseits durch die Taten eines der zwölf Apostel, Judas Iskarioth, andererseits durch eine der Ihm nachfolgenden Frauen.

Die namenlose Frau – es wird nicht gesagt, wer sie ist, als ob ihre Selbstlosigkeit betont werden sollte – empfindet die Todesnähe Jesu. Wie eine heilige Handlung vollbringend, gießt sie das kostbare Öl über Ihn. Sie ist ganz im Einklang mit Ihm. Er geht in vollem Bewusstsein auf Sein Sterben zu. Sie geleitet Ihn, wie eine Priesterin in der heiligen Ölung einen Sterbenden geleitet. Ihre Entscheidung besteht darin, dass sie geschehen lässt, was geschehen soll, und dazu hilft.

Anders bei Judas. Er hat eine feste Vorstellung von dem, was nach seiner Meinung zu geschehen hat. Er wartet mit brennendem Verlangen darauf, dass sein verehrter Meister endlich als göttlich-machtvoller Messias hervortreten und das Reich Israel errichten wird. Im Anblick der heiligen Handlung reißt ihm die Geduld und er agiert. Die Macht der tief in ihm sitzenden Unruhe wird übermächtig. Das Evangelium sagt nicht: »Er ist es, der jetzt handelt«, sondern: »Der Satan handelt durch ihn«. In seinem Inneren reißt die Ungeduld etwas auf, sodass er zum Gefäß des Widersachers wird, der durch ihn den Untergang herbeiführt.

Wir sprachen beim Kardienstag von der Notwendigkeit, unser Leben bewusst zu ergreifen und es zu gestalten, nicht nur unsere mitgebrachten Begabungen auszuleben. Je mehr wir über die Lebensmitte hinauskommen, zeigt sich die zweite Notwendigkeit: nichts mehr zu wollen, sondern geschehen zu lassen. Je mehr wir lernen, Wahrnehmende zu werden, offen für das, was uns umgibt, desto mehr werden wir im Alter ein Segen für unsere Umgebung.

Besonders eindrücklich können wir dies an Sterbenden erleben. Nach großen inneren Kämpfen kommt der Augenblick des Loslassen-Könnens, eine letzte Verklärung setzt ein. Je früher dies in der zweiten Lebenshälfte schon beginnt, desto mehr werden wir Raum geben können für die heranwachsende neue Generation und die geistigen Impulse, die mit ihr herabkommen wollen. Ja, wir werden so zu den Geburtshelfern der Zukunft, so wie der alte Sokrates sich als Hebamme seiner Schüler fühlte. So wie das rechte Ergreifen und Gestalten des eigenen Lebens das Zauberwort ist, das über der ersten Lebenshälfte steht, so ist es das rechte Loslassen, was die zweite Hälfte erschließt. Unser ganzes Leben ist wie ein großer Atemzug. Es beginnt mit dem Einatmen, das sich bis zur Lebensmitte in immer kraftvollerer Inkarnation fortsetzt, und verwandelt sich in ein hingebendes Ausatmen, das mit dem letzten Atemzug seine Vollendung findet.

Wir können von daher verstehen, warum in früheren Kulturen – in der islamischen Welt, in der noch viele alte Weisheiten lebendig sind, ist es bis heute so – die Anschauung herrschte, dass der Mensch vor dem vierzigsten Lebensjahr kein öffentliches Amt bekleiden sollte. Erst nach der Lebensmitte kann er, nach den Gesetzen der Biografie, ganz für andere da sein. Gewiss mag es seltene Ausnahmen geben, aber im Allgemeinen ist das sicher auch heute noch gültig.

Es war von erster und zweiter Lebenshälfte die Rede. Im selben Sinn können wir auch von der ersten und der zweiten Hälfte der Menschheitsgeschichte sprechen. In der ersten Hälfte galt es, immer mehr auf die Erde zu kommen. Das männliche Prinzip hatte dabei die Vorherrschaft. Die Erscheinung Christi selbst erfolgt deshalb in männlicher Gestalt. Seither kommt es darauf an, eine neue, bewusst ergriffene Verbindung zum Himmel zu finden. Das weibliche Prinzip tritt in den Vordergrund. Dafür setzen die Bilder des Karmittwochs ein Zeichen. Und es wird uns in Judas gezeigt, was geschieht, wenn das männliche Prinzip weiter die Vorherrschaft behält. Die Macht des Satans wird selber unmittelbar handelnd tätig.

Wir sprachen vom männlichen und weiblichen Prinzip. Im Menschen sind beide vorhanden. Es bedarf einer differenzierten Menschenkunde, um zu zeigen, wie die beiden Prinzipien in Mann und Frau verschieden wirken. Mit dem oben Ausgeführten ist jedenfalls keineswegs gemeint, dass es nur darauf ankäme, dass alle wichtigen Positionen von Frauen besetzt werden müssten. Es geht vielmehr um die Schulung bestimmter Fähigkeiten; von Kindesbeinen an, bei Männern wie bei Frauen.

— Gründonnerstag

Am Gründonnerstag feiern die Jünger mit ihrem Herrn in der Essener-Herberge das Passahmahl. Die Essener bildeten eine Gemeinschaft, die ganz in der Erwartung der nahen Ankunft des Messias lebte. Ihre klosterähnlichen Siedlungen, in denen nach den drei Gelübden Armut, Keuschheit und Gehorsam gelebt wurde, waren die Vorbilder für die späteren christlichen Klöster. Die Essener führten ein streng asketisches Leben, abseits des gewöhnlichen Volkes.

Jesus schickt Petrus und Johannes voraus, das Passahmahl zu bereiten:

Wenn ihr einen Mann mit einem Wasserkrug seht, so folget ihm in seine Herberge. Dort werden wir das Passahmahl feiern.

Wasserholen war Frauenarbeit. Wenn ein Mann mit einem Wasserkrug ging, so war es ein Essener. So kommen sie in die Herberge der Essener, das Coenaculum. Das allgemeine Volk feierte Passah erst einen Tag später, am Freitag, dem Tag vor dem Frühlingsvollmond. Nicht nur der Zeitpunkt war ein anderer, auch der Ritus unterschied sich. Es ist wohl ein späteres Missverständnis oder eine Hinzufügung, wenn das Evangelium vom »Essen des Osterlammes« spricht. Denn die Essener aßen kein Fleisch und tranken auch keinen Alkohol. Auf dem Tisch der feiernden Jüngerschar wird sich gewiss kein geschlachtetes Lamm und auch kein alkoholischer Wein, sondern nur Brot und unvergorener Saft befunden haben. Das ist von der Vorstellung des heiligen Abendmahles her anders auch kaum denkbar.

Leonardo da Vincis berühmtes Mailänder Wandgemälde »Das letzte Abendmahl« stellt den Augenblick dar, da Christus gesprochen hat: »Einer von euch wird mich verraten.« Jeder der Zwölf reagiert auf ganz eigene Weise. Dies wird von Leonardo in großartiger Weise dargestellt.

Nachdem Christus dem Judas ein Stück Brot gereicht und zu ihm gesprochen hat: »*Was du tun willst, tue bald*«, geht Judas hinaus in die Nacht, um den Verrat zu üben. Jetzt kann das Ereignis geschehen, das man gewöhnlich als die »Einsetzung des heiligen Abendmahles« bezeichnet und das bei jedem christlichen Gottesdienst in der Erinnerung vergegenwärtigt wird. Jesus Christus reicht den Aposteln Brot und Wein und spricht aus, dass sie mit Brot und Wein die Lebenskräfte Seines Leibes und Seines Blutes empfangen. Die Jünger erleben, wie sich in dem abendlichen Dunkel des Raumes ein geheimnisvolles Leuchten ausbreitet, und fühlen die Stärkung, die von dieser Speise ausgeht. Dieser Moment ist der Anfang Seines Sterbens. Er verströmt an die Jünger die vergeistigten Kräfte Seines Leibes und sagt, dies werde sich immer wiederholen, wenn sie später in Seinem Andenken das Mahl feierten. Eine grenzenlose Selbsthingabe liegt in diesem Augenblick.

Alle

Es sprach der Geist: Sieh auf! Es war im Traume.
Ich hob den Blick. In lichtem Wolkenraume
Sah ich den Herrn das Brot den Zwölfen brechen
Und ahnungsvolle Liebesworte sprechen.
Weit über ihre Häupter lud die Erde
Er ein mit allumarmender Gebärde.

Es sprach der Geist: Sieh auf! Ein Linnen schweben
Sah ich und vielen schon das Mahl gegeben,
Da breiteten sich unter tausend Händen
Die Tische, doch verdämmerten die Enden
In grauem Nebel, drin auf bleichen Stufen
Kummergestalten saßen ungerufen.

Es sprach der Geist: Sieh auf! Die Luft umblaute
Ein unermesslich Mahl, soweit ich schaute,
Da sprangen reich die Brunnen auf des Lebens,
Da streckte keine Schale sich vergebens,
Da lag das ganze Volk auf vollen Garben,
Kein Platz war leer, und keiner durfte darben.

Conrad Ferdinand Meyer

Im Jahreslauf ist der Abend des Gründonnerstags ein besonders heiliger Moment. In heilpädagogischen Heimen der Camphill-Bewegung hat sich ein schöner Brauch zur Feier dieses Abends herausgebildet. Es wird der Tisch besonders schön gedeckt. Bei dem einfachen Mahl werden zwei Regeln beachtet. Zum einen schweigen alle während der Mahlzeit, und zum anderen trachtet jeder danach, seine Nachbarn zu bedienen und nichts für sich zu nehmen. Eine zauberhafte Stimmung kann durch eine solche schlichte Anordnung entstehen.

Bei der zuvor erwähnten Jugendtagung in Frankfurt ersannen die jungen Leute in der Vorbereitung noch eine ganz besondere Aktion zur Vergegenwärtigung dieses Tages: Am Abend des Gründonnerstags, noch vor der Einsetzung des Abendmahles, wäscht der Herr den Jüngern die Füße. Er gibt ihnen damit ein Zeichen und sagt:

So soll es bei euch sein, wer unter euch ein Führender sein will, der sei allen anderen ein Diener.

Die Fußwaschung

Ich danke dir, du stummer Stein,
und neige mich zu dir hernieder:
Ich schulde dir mein Pflanzensein.

Ich danke euch, ihr Grund und Flor,
und bücke mich zu euch hernieder:
Ihr halft zum Tiere mir empor.

Ich danke euch, Stein, Kraut und Tier,
und beuge mich zu euch hernieder:
Ihr halft mir alle drei zu Mir.

Wir danken dir, du Menschenkind,
und lassen fromm uns vor dir nieder:
weil dadurch, dass du bist, wir sind.

Es dankt aus aller Gottheit Ein-
und aller Gottheit Vielfalt wieder.
In Dank verschlingt sich alles Sein.

Christian Morgenstern

Der Ausdruck Minister (lateinisch »Diener«) kommt von dieser christlichen Haltung, dass gerade die Führenden die Dienenden sein sollen. Die Tagungsvorbereiter hatten nun die Idee, an die Stelle der Fußwaschung das Schuhe-Putzen zu setzen. Sie wandten sich an eine große Firma mit der Bitte um Schuhputzutensilien und bekamen genügend für alle achtzig Teilnehmer. So gingen wir wiederum ins Stadtzentrum mit Schuhputzutensilien und Schildern ausgerüstet: »Heute putzen wir Ihre Schuhe umsonst.« Herzerfrischende Begegnungen ergaben sich. Es wurde ein unvergesslicher Gründonnerstag, der dann im Feiern der Agape, dem oben beschriebenen Liebesmahl, seinen Höhepunkt fand.

Karfreitag

Im christlichen Bekenntnis werden zwei Menschen namentlich erwähnt: Maria als Mutter Jesu und Pontius Pilatus, unter dessen Herrschaft Jesus gekreuzigt wurde. Pilatus hatte ein Jahr zuvor einen Aufstand niedergeschlagen, als wieder einmal zum Passahfest ein angeblicher Messias das Volk aufwiegelte. Für diese Niederschlagung hatte er von Rom eine Auszeichnung erhalten. Er durfte sich von da an *amicus caesaris*, Freund des Kaisers, nennen. Als die Hohen Priester ihm Jesus ausliefern, erkennt er sogleich, dass es aus Neid geschieht. Aus Neid, weil die Menschen ihn liebten. Hinzu kam noch, dass seine Frau ihm einen Boten schickte, sie habe in der Nacht im Traum viel um Jesu gelitten, Pilatus möge nichts mit ihm zu schaffen haben. So trachtete er danach, ihn freizugeben. Diese Möglichkeit hatte er, da er ohnehin zum Fest einen Gefangenen freizugeben pflegte. So bietet er die Freigabe Jesu an. Das von den Hohen Priestern aufgewiegelte Volk aber schreit: *Nicht diesen, gib uns Barabbas los.* Barabbas war ein Aufrührer, der wegen Mordes gefangen war. Auch jetzt noch versucht Pilatus, Jesu Freigabe zu erreichen, indem er sagt: *Wollt ihr, dass ich euch euren König freigebe?* Er wusste, dass Jesus ein Spross der rechtmäßigen Königsfamilie war. Aber die Hohen Priester rufen: *Wir haben keinen König außer dem Caesar. Lässest du diesen los, so bist du des Kaisers Freund nicht mehr.* Da bekommt Pilatus Angst, sie könnten ihn in Rom anzeigen, und er erfüllt ihren Willen.

So kommt der tief tragische Moment in der Menschheitsgeschichte zustande, dass der Heilbringer der Menschen, das Urbild der Menschlichkeit, abgelehnt und an seiner Stelle die Freigabe eines Mörders gefordert wird.

Golgatha, Schädelstätte heißt der Hügel vor dem Tor der Stadt, auf dem das Kreuz errichtet wird. Wie sie Ihn ans Kreuz nageln, betet Er:

Vater, vergib ihnen, denn sie wissen nicht, was sie tun.

Er betet für seine Peiniger. Damit beginnen Seine letzten Worte. Sieben Male spricht Er noch vor seinem Sterben.

An dieser Stelle sei ein Aufsatz von Rudolf Frieling (1901–1986), einem der Begründer der Christengemeinschaft, eingefügt, der in einzigartiger Weise diese sieben Worte am Kreuz behandelt.*

Die sieben Worte am Kreuz

Sieben Worte des am Kreuze sterbenden Christus sind uns überliefert. Die Siebenzahl ergibt sich aus der Zusammenschau aller vier Evangelien. Lukas und Johannes berichten je drei Worte, Matthäus und Markus eines, das ihnen gemeinsam ist.

Will man diese sieben über die Evangelien verteilten Kreuzesworte im Nacheinander ihrer wahrscheinlichen zeitlichen Abfolge vor sich haben, so muss man wohl mit der im Lukas-Evangelium stehenden Fürbitte beginnen, die sich unmittelbar an den Akt der Kreuzigung anschließt:

* Enthalten in dem Band *Gesammelte Schriften zum Alten und neuen Testament, Band III: Christologische Aufsätze*, Stuttgart 1982

»Vater, vergib ihnen, denn sie wissen nicht, was sie tun« (23, 24). Damit schaltet sich der Christus aktiv-gnadenvoll in das Schicksal derer ein, die ihm das Furchtbare antun. Er ist nicht nur ihr passives »Opfer«, er »tut« seinerseits auch, indem er für sie betet. Wenn eine Untat geschieht, so kann die Summe der Verurteilung nicht nur im Hinblicken auf die Missetäter gezogen werden. Für die weitere Auswirkung im tieferen Weltenzusammenhange kommt ebenfalls sehr in Betracht, wie das Opfer auf das ihm Angetane reagiert. Man könnte geradezu von einer Schlüsselstellung sprechen, die demjenigen zufällt, dem das Unrecht widerfährt. Er kann den empfangenen Schlag mit rachgierigem Vergeltungswunsch beantworten. Er kann aber auch das auf ihn eindringende Böse in seinem Innern entschärfen und entgiften – dazu bedarf es allerdings des inneren Anschlusses an die göttlichen Liebesmächte. Je nachdem wird die ganze Angelegenheit auch für die Missetäter einen verschiedenartigen Schicksalsfortgang nehmen.

Wenn die Missetäter von Golgatha gestorben sind, werden sie in der anderen Welt ihre Schuld mit unausweichbarer Deutlichkeit anschauen müssen. Da wird es von großer Bedeutung sein, dass der Christus für sie gebetet hat. Er hat damit in Freiheit einen neuen zusätzlichen Faktor in die Schicksals-Abrechnung eingeführt, der das Resultat verändert.

Allerdings: »Sie wissen nicht, was sie tun.« Je mehr ein solches bewusstes Wissen und Wollen im Spiele wäre, desto weniger vermöchte der Vergebungswille einzugreifen; denn auch in solchem Falle respektiert Gott die Freiheit des Menschen. An ihr kann sein Liebeswille eine Schranke finden.

Es mag zwischen vollem Wissen und Nichtwissen manche Zwischenstufen geben.

Während die Vergebungsbitte ins Zukünftige hineinwirkt, bezieht sich das zweite Kreuzeswort auf etwas bereits Gegenwärtiges. Zuerst, nach geschehener Kreuzigung, haben die beiden mitgekreuzigten Schächer in die Schmähungen eingestimmt, die sich über den in der Mitte Gekreuzigten ergossen, so berichten Matthäus (27, 44) und Markus (15, 32). Dem Evangelisten Lukas ist es gegeben, im weiteren Verlauf die Veränderung aufzufassen, die sich mit dem einen der beiden Schächer vollzieht. Der allmählich einsetzende Sterbevorgang mag dabei mitgewirkt haben. Wenn die Seele anfängt, sich aus dem Körper zu lösen, können hellsichtige Momente eintreten. Deshalb hat man in alter Zeit letzte Worte Sterbender wohl beachtet. Es geht dem sterbenden Schächer die Einsicht auf, dass »dieser nichts Unrechts getan hat«, dass er allem äußeren Augenschein zum Trotz in Wahrheit ein König ist. »Gedenke meiner, wenn du in dein Königreich kommst.« Daraufhin der Christus: *»Amen, ich sage dir, heute wirst du mit mir im Paradiese sein«* (Lk 23, 43).

Das muss nicht besagen, dass der Schächer nach seinem Tode nicht auch auf sein vergangenes Erdenleben im Lichte der ewigen Wahrheit wird hinschauen müssen. Aber der Christus ist dann bei ihm. Er reißt das höhere Ich, das da im letzten Augenblick eines vertanen Erdendaseins noch aufgewacht ist, »heute noch« mit sich in sein Sonnenreich empor, er lässt den Schächer trotz aller Schuldhaftigkeit den Anschluss finden an den reinen unverdorbenen Ursprung alles Mensch-Seins.

Nach dem Wort für seine Feinde, nach dem Wort für den Feind, der ein Freund wurde, wendet sich der Christus denen zu, die schon vorher seine Freunde waren, die den Mut und die Kraft aufgebracht haben, unter dem Kreuze zu stehen: *»Weib, siehe dein Sohn – Siehe deine Mutter«* (Joh 19, 26). Der Sterbende stiftet eine neue vertiefte Gemeinschaft zwischen der Mutter und dem Jünger, den er liebt. Johannes nimmt Maria fortan »in sein Eigenes auf«. »Das Eigene«, »ta idia« im Griechischen, ist ein Wort, das uns vom Prolog des Johannes-Evangelium her bekannt ist. »Er kam in das Eigene (ta idia), und die Eigenen nahmen ihn nicht auf« (Joh 1, 11). Es bezeichnet den Bereich des Ich-Menschen, der sich seines Eigen-Seins bewusst geworden ist. Sodann erklingt es in den Abschiedsreden. »Ihr werdet zerstreut, ein jeder in sein Eigenes hinein, und mich lasset ihr allein« (Joh 16, 32). Am Karfreitag erklingt das Wort »das Eigene« zum dritten Male, aber es bedeutet diesmal nicht Abkapselung in der Selbstheit, Isolierung, sondern das Eigen-Sein, wenn es vom Christuswesen durchdrungen ist, kann sich öffnen und nun erst gerade wahre, tiefe Gemeinschaft möglich machen.

Christliche Geisterkenntnis sah Maria, »durch deren Seele das Schwert« tiefsten Leides gegangen war (Lk 2, 35), in einer besonderen Beziehung zur göttlichen Weisheit, zur »Sophia«. Bei der Empfängnis Jesu war sie vom Heiligen Geist überleuchtet worden, am Pfingsttage erfährt sie, inmitten des Apostelkreises, die Herabkunft des Heiligen Geistes. Der Schmerz, den sie als »mater dolorosa« durchlitten hat, bereitete ihre Seele, mit der »Weisheit von oben her« durchdrungen zu werden. Die »Schmerzensreiche«

wird zur »Strahlenreichen«, um die Worte des Goetheschen Faust zu gebrauchen. Mit ihr verbindet Christus den Jünger im ureigenen Ich-Wesen, der dann das weisheitsvolle Johannes-Evangelium schreiben wird.

*

Die drei ersten Kreuzesworte, die der Christus zu den Menschen hingewendet spricht, die in so verschiedener Weise in das Golgatha-Geschehen mit hineinverwoben sind, werden noch gesprochen, bevor sich die unheimliche Verfinsterung über das ganze Land ausbreitet. Also noch bei Sonnenlicht. Dann bricht das Dunkel herein. Die weiteren vier Kreuzesworte werden während dieser Finsternis gesprochen, sie beziehen sich auf den Christus selbst, auf sein großes Werk, mit dem er nun für eine Weile ganz allein ist.

»Mein Gott, mein Gott, warum hast du mich verlassen?« (Mt 27, 46; Mk 15, 34). Man hat diesen Aufruf missverstanden, wenn man in ihm den Verzweiflungsschrei aus letztem Irregewordensein zu hören glaubte. Es sind ja vorgeprägte Worte, die der Christus sich hier zu eigen macht – es handelt sich um den Anfang des 22. Psalms. Er schildert Leidens-Erlebnisse, die auf dem Wege zur Erfahrung göttlicher Herrlichkeit durchgemacht werden. Die Erlebnisreihe wird eingeleitet durch ein grenzenloses Einsamkeits- und Verlassenheitsgefühl. Aber schließlich wird der Durchbruch zu einem erhöhten Bewusstsein gefunden, dem die göttliche Herrlichkeit aufleuchtet.

Der protestantische Theologe Ethelbert Stauffer hat aus seiner Kenntnis der damaligen jüdischen Umwelt heraus aufgezeigt, dass der 22. Psalm »in der Messiastheologie und Messiaserwartung des Judentums in den Tagen Jesu eine entscheidende Rolle spielt«. Es liegt also ein hoher messianischer Anspruch darin, wenn der Gekreuzigte diesen Psalm, der durch die Passion zur Verherrlichung führt, in eigener Person, als auf sich selbst bezogen in den Mund nimmt.

Das völlige Alleingelassensein ist in dieser Art eine Erfahrung, die im Besonderen dem Erdenmenschen eigentümlich ist, der sich in dem Gehäuse des materiellen Körpers wie in einer Isolierzelle erlebt. Als ein »von oben her«, aus den höheren Geisteswelten Kommender hat der Christus sein inneres Lebensgefühl bisher mit den Worten ausgesprochen: »Ich bin nicht allein, der Vater ist mit mir.« Dreimal ist das im Johannes-Evangelium zu lesen (8,16 und 29; 16, 32). Erst beim Herannahen des Todes, den es ja so in den höheren Welten nicht gibt, tritt für den Christus das volle Erdenmenschen-Erlebnis ein, als letzte Konsequenz seiner Fleischwerdung. Wollte er sich mit uns wirklich solidarisch machen, wollte er werden wie einer von uns, so musste er diesen Todesdurchgang auf sich nehmen. Aber gerade dadurch konnte er sein bis dahin nur himmlisches Wesen so umwandeln, dass es nunmehr dem Erdenmenschen eingängig, kommunizierbar werden konnte.

Von sich aus, »von Haus aus«, steht der Christus nicht unter dem Gesetz, dass der Tod der Sünde Sold ist. Als ein außerhalb der Sünde Stehender sucht er den Erdentod aus freiem Liebesentschluss heraus auf. Dazu gehört auch, dass er einmal das Erleben des Alleingelassenseins, des Abgeschnittenseins vom Himmel in seine göttliche Seele aufnehmen musste – um damit zugleich den Grund dafür zu legen, dass für den Menschen in Zukunft diese Todesverlassenheit wird überwunden werden können. Er musste durch die Verlassenheit hindurchgehen, um der Erdenmenschheit sein ursprüngliches Erleben – »ich bin nicht allein ...« – mitteilen zu können. Von nun an ist die Möglichkeit eröffnet, dass Menschen »in Christo sterben« können, eingefasst in das sie umhüllende höhere Ich des Christus. »Wenn ich den Tod soll leiden, so tritt Du dann herfür«, heißt es bei Paul Gerhardt. Der Christus könnte uns nicht aus dem Todesdunkel »herfürtreten«, wenn er nicht selbst auf Golgatha die Verlassenheit durchlitten hätte.

Ähnlich verhält es sich mit dem Wort: *»Mich dürstet«* (Joh 19, 28). Das hat zunächst ganz gewiss auch seinen unmittelbaren konkreten, schrecklich-realistischen Sinn – die Durstqualen eines Gekreuzigten. Aber man sollte nicht übersehen, dass dieses Wort im Johannes-Evangelium steht, innerhalb dessen gerade das »Dürsten« eine bedeutsame Rolle spielt. Dieses Evangelium ist so sehr ein in sich selbst zusammenhängender Geistorganismus, dass man nicht annehmen kann, das Durst-Wort am Kreuz stehe ganz außer Verbindung mit jenen anderen Aussprüchen, die vom »Dürsten« handeln, wobei der körperliche Durst gleichnishaft auf ein weites Feld des Seelenlebens hindeutet. Gerade dreimal, bedeutungsvoll betont, ist bei Johannes vorher schon vom Dürsten die Rede gewesen. Im Gespräch mit der Samariterin: »Wer von dem Wasser trinkt, das ich ihm geben werde, der wird in Ewigkeit nicht dürsten« (4, 14). Begonnen hat das mit dem körperlichen Durst – »gib mir zu trinken« –, aber dann hat das Gespräch die Wendung ins Übersinnliche genommen. Ein zweites Mal in der Rede am See von Galiläa: »Und wer an mich glaubt, der wird nimmermehr dürsten« (6, 35). Schließlich am herbstlichen Laubhüttenfest: »Wenn einer dürstet, so komme er zu mir und trinke« (7, 37).

Auch Buddha hatte das »Dürsten« als ein echtes Gleichnis benutzt. Er meinte damit, was in der Menschenseele als Sehnsucht lebt, an Glücksverlangen, an Hoffnung auf beseligende Erfüllung. Buddha lehrte, dass all dieses Sehnen illusionär, wahnhaft sei, dass es nichts zu hoffen habe, dass man es in der Wurzeltiefe der Seele abtöten müsse. Die Christus-Worte von der Stillung des Durstes wollen gerade auch auf dem Hintergrund dieser in ihrer Weise großartigen Buddha-Resignation gehört werden. Dass die Sehnsucht in die Illusion führe, stimmt insoweit, als der Mensch vielfach seine eigene Sehnsucht nicht tief genug versteht und sie an Vordergründiges hängt. Da ist dann immer wieder die Enttäuschung fällig: »*Das* war es noch nicht«, und am Horizont erscheint die nächste, ebenso wesenlose Fata Morgana. Versteht sich aber die Sehnsucht in ihrer eigenen wahren Tiefe selbst, so gibt es für sie eine Erfüllung, die ihr der Christus entgegenträgt.

Hat man diese drei Worte vom Dürsten zu sich sprechen lassen, dann wird man es nicht für einen Zufall ansehen, dass die gleiche Linie in der ebenfalls johanneischen Apokalypse, der Offenbarung des Johannes, im selben Sinne ihre Fortsetzung findet, in ebenfalls drei Worten von der göttlichen Stillung menschlichen »Dürstens« (7, 16; 21, 6; 22, 17) bis in die Schilderung des himmlischen Jerusalem hinein.

Zwischen diesen zweimal drei Aussprüchen vom Dürsten steht das Kreuzeswort, dessen nur Johannes gedenkt, als viertes einer johanneischen Siebener-Reihe. Es tritt durch diesen Zusammenhang in eine besondere Beleuchtung. Offenbar bedeutet es für Johannes etwas, den Bringer jenes Lebenswassers, das den Durst für die Ewigkeit stillt, nun selber als einen Dürstenden zu zeigen, zu dessen voller Fleischwerdung es eben auch gehörte, das Erdenmenschen-Erlebnis des »Dürstens« in seine göttliche Seele hineinzunehmen.

Die deutsche Sprache hat die Möglichkeit, einem Tätigkeitswort durch die Vorsilbe »er« einen gesteigerten Inhalt zu verleihen. Man halte nebeneinander »Kennen« und »Er-kennen«. So auch »Leiden« und »Er-leiden«. Das Credo der Christengemeinschaft sagt, dass der Christus den Kreuzestod »er-litten« habe. Sein Leiden war zugleich im tiefsten Sinne ein »Tun«. Seine »passio« war zugleich eine von ihm geleistete »actio«, sie hat sozusagen einen »Dur«-Charakter, sie will nicht nur in »Moll« empfunden werden. Das offenbart sich noch einmal besonders in dem dritten der von Johannes überlieferten Kreuzesworte: *»Es ist vollbracht«* (19, 30). Der Christus bleibt bis zuletzt der Beherrscher des ganzen Geschehens, er vollbringt sein Sterben und schließt es bewusst ab. Der Evangelist fügt hinzu, dass er danach sein »Haupt neigte«, er hat also dieses Wort erhobenen Hauptes gesprochen.

Der Todestag Christi ist als Freitag der sechste Tag der Woche und entspricht als solcher dem sechsten Tag der Schöpfungs-Woche. Die Genesis schildert, wie am sechsten Tag der Mensch in Erscheinung tritt, Ebenbild und

Gleichnis seines Schöpfers. Der Christus hat nun diese durch den Sündenfall verdeckte Gottebenbildlichkeit wieder zum Aufleuchten gebracht. Am Karfreitag erklingt das Wort »ecce homo«, »siehe, der Mensch«. Mit Sonnenuntergang beginnt der Sabbat. Die Genesis berichtet, wie Gott im Übergang zum siebten Tage sein Schöpfungswerk abschließt: »Also ward vollendet Himmel und Erde mit ihrem ganzen Heer. Und also vollendete Gott am siebten Tage seine Werke …« (1 Mos 2,1–2). Er wendet sich nunmehr seinem innergöttlichen Leben zu – »und er ruhte am siebten Tage«. So vollendet* der Christus sein Erdenwerk und senkt es als Zukunfts-Samen in den Gottes-Acker der großen Sabbat-Ruhe ein. Als im Verdämmern des Karfreitags der Sabbat anbrach, war die Grablegung im Garten des Joseph von Arimathia soeben vollzogen. Es begann der Karsamstag, der »stille Sonnabend«, in dessen Ruhe hinein das Geschehene ausklingt, in dessen Ruhe der Ostertag keimt, der dann wiederum als ein »erster Tag der Woche« ein neues Schöpfungswalten eröffnen wird.

Zwischen diesem Abschließen seines Werkes und dem Eintritt des Todes hat nun noch das Gebet als siebtes und letztes Kreuzeswort seine Stelle, das sich im Evangelium des Lukas findet: *»Vater, in Deine Hände befehle ich meinen Geist«* (23, 46). Es ist dies ein Vers aus dem 31. Psalm. E. Stauffer macht darauf aufmerksam, dass dieser Satz ein Bestandteil des jüdischen Abend- und auch Sterbegebetes war. »In deiner Hand sind die Seelen der Lebendigen und der

* Siehe hierzu Ethelbert Stauffer, *Jesus. Gestalt und Geschichte*, Bern 1957. ›Es ist vollbracht‹ kann ebenso ›es ist vollendet‹ übersetzt werden.

Toten. In deine Hände übergebe ich meinen Geist ...« Im Munde des Christus wird dieses Psalmen-»Zitat« zu einer Neuschöpfung. Er gibt dem alten Gebet ein neues Vorzeichen, indem er die Anrede »Vater« vorausgehen lässt, die bei ihm einen einzigartigen Klang hat. Der Vater-Anruf leitete das erste Kreuzeswort, die Vergebungsbitte, ein, er steht nun auch hier wieder am Ende, wo der Christus die vollbrachte Tat den ewigen Schicksalsmächten übergibt, die ihren Urgrund im Vater haben. Zu Ihm hin gibt der Sterbende seinem Geist die Richtung.

Es hat eine geheimnisvolle Bewandtnis mit einem »letzten Willen«. Schon bei jedem abendlichen Einschlafen, wenn sich die Seele aus dem bewussten Körperleben herauslöst und sich in eine andere Welt begibt, kommt viel darauf an, wie die Seele diesen Abschied nimmt. Ob sie sich etwa bis zuletzt nur mit untergeordneten Dingen befasst, bis sie sich vom Schlaf abholen lässt, oder ob sie »sich Gott befiehlt«. Die letzten bewussten Regungen des abklingenden Tagesbewusstseins geben der Seele in jene andere Welt hinein je nachdem eine unterschiedliche Direktion mit. Ähnlich wie man einen Kahn am Ufer weg in einer bestimmten Richtung abstoßen kann. Eine Seele, die mit ungeistigen Inhalten einschläft, kann »drüben« nicht in höhere Regionen gelangen, kraft des magnetischen Zuges, der in der Geistwelt Verwandtes zu Verwandtem führt. Die Ahnungslosigkeit, die der Materialismus über uralte intime Erfahrungen des Seelenlebens ausgebreitet hat, brachte es mit sich, dass die Bedeutung des Abendgebetes weithin in Vergessenheit geraten ist. Hier sind Wieder-Entdeckungen fällig.

Entsprechendes gilt für den noch viel radikaleren großen Erdenabschied beim Sterben. Es hat weittragende Folgen, mit welcher Direktion, mit welcher Richtungs-Bestimmtheit die Seele den Schritt in die andere Welt hinüber tut. Es war von höchster Bedeutung, dass der Schächer am Kreuz seiner Seele im letzten Augenblick die Richtung auf den Christus hin geben konnte. Solche Augenblicke erhalten in der Todesstunde ihren besonderen Stellenwert, sie können ganze Jahrzehnte vorher gelebten Lebens an Schicksalswertigkeit aufwiegen.

Im höchsten Sinne sehen wir den Christus dieses Geheimnis des letzten Willens betätigen, indem er seinen Geist in die Hände des Vaters befiehlt.

— Karsamstag

Im alten Credo heißt der Satz von der Auferstehung »et resurrexit tertia die« – Auferstanden am dritten Tage. Im neuen Glaubensbekenntnis der Christengemeinschaft heißt es an dieser Stelle: »Dann überwand Er den Tod nach dreien Tagen.« Es wird von drei vollendeten Tagen gesprochen. Worauf will uns das hinweisen? Nach jüdischer Lehre beginnt der Tag mit seiner inneren Vorbereitung, der Nacht, also mit Sonnenuntergang des Vortages. So beginnt der Karfreitag am Gründonnerstagabend. Die Selbsthingabe Jesu Christi im Abendmahl am Gründonnerstag leitet Sein Sterben ein, das mit der Kreuzabnahme am Karfreitag noch vor Sonnenuntergang endet. Dies ist der vollständige erste Tag. Über den zweiten Tag schweigen die Evangelien. Er ist in Geheimnis getaucht. Der dritte Tag beginnt mit dem Ende der Sabbatruhe beim Sonnenuntergang am Samstag. Das Evangelium erzählt, wie die Frauen zur Erfüllung der Bestattungsriten noch am Samstagabend hingehen, um Balsam zu kaufen. Mit diesem gehen sie dann am ersten Tag der Woche, am frühen Morgen des Sonntags, zum Grab.

Maria Magdalena schaut den Auferstandenen. Er aber sagt zu ihr: »Noli me tangere – Rühre mich nicht an.« Erst am Nachmittag, als Er den Jüngern erscheint, ist die Tat der Auferstehung vollendet – nach drei Tagen. Der stoffliche Erdenleib Jesu ist vollständig vergeistigt, unterliegt nicht mehr dem Gesetz dieser Welt.

Durch die Reanimationsmöglichkeiten der modernen Medizin gibt es seit etwa einem Menschenalter mehr und mehr vom Schicksal eingeweihte Menschen, die schon gestorben waren und doch ins Leben zurückgekehrt sind. Sehr viele von ihnen erinnern auch die Begegnung mit der Lichtgestalt, einem überaus liebevollen geistigen Wesen, das zur Orientierung hilft und mit dem Menschen gemeinsam auf die Lebensbilder hinschaut. Insbesondere aus dieser Begegnung erwächst dann ein starker Impuls, das Leben auf der Erde neu zu ergreifen und in seiner Kostbarkeit ganz neu schätzen zu lernen. Hier wirkt der Karsamstag in alle Zeiten fort. Christus ist der Helfer an der Schwelle des Todes für jeden Menschen.

Bei Jugendtagungen zur Karwoche in Odessa, die wir durch viele Jahre durchführen konnten, war der Brauch entstanden, am Karfreitag, zur Todesstunde Christi, sich im großen Kreuz aufzustellen. Wir sprachen gemeinsam einen geeigneten Text, wie zum Beispiel den 22. Psalm, bedachten ihn schweigend und sangen noch ein Lied. Es war immer besonders eindrucksvoll, wie stark die Form des Kreuzes zu empfinden war, gleichgültig, an welcher Stelle man stand.

Am Karsamstag gingen wir tief unter die Erde in Katakomben, wo wir schließlich die Lichter löschten und die Stille und besondere Stimmung des Erdinnern empfanden.

Ostern

Als die Sonne gerade aufging, kamen die Frauen zum Grab, wo sie all die in den Evangelien berichteten Engel-Begegnungen hatten. Ostern ist ein Fest der Morgenfrühe. Das Auferstehungsbild des Isenheimer Altars von Matthias Grünewald bringt das grandios zum Ausdruck. Aus der tiefsten Finsternis erhebt sich Christus in seiner leuchtenden Aura wie eine wesenhafte Sonne.

Der alte Brauch, in der Frühe des Ostermorgens schweigend zu einer Quelle zu gehen, um sich die Augen mit dem Osterwasser zu waschen – »O Herr, gib uns klare Augen, dass wir das Wesentliche sehen lernen!« – kann zu unvergesslichen Erlebnissen führen. Hinzu kommt auch die Überlieferung, dass am Ostermorgen die aufgehende Sonne tanzt. Auch dem liegt eine feinere Naturbeobachtung zugrunde.

Eine weitere solche Beobachtung ist die folgende: Wer immer wieder den schönsten Augenblick des Tages, den Sonnenaufgang, beobachten kann, wird mancherlei Entdeckungen machen. Er wird bemerken, wie der Augenblick, da die Sonne den Horizont übersteigt, wirklich so etwas ist wie die Geburt des Tages. Und so, wie jeder Mensch ein einzigartiges Wesen ist, so ist es auch jeder Tag. Kein Sonnenaufgang gleicht dem anderen. Jeder Tag hat seinen ganz besonderen Beginn. Und manchmal können wir kurz nach dem ersten Erscheinen der Sonne, wenn sie erst zu einem Viertel etwa über den Horizont hinaus ist, das »Auge Gottes« sehen. Durch die Dunstverhältnisse bedingt, erscheint für Augenblicke jene Dreiecksgestalt, die immer als Auge Gottes bezeichnet worden ist. Die Sonne als das göttliche Auge zu bezeichnen, hat ja etwas unmittelbar Einleuchtendes. Aber wir können in dieses Auge nur blicken, wenn es in tiefem Rot am Horizont erscheint.

Jeder Tag beginnt mit dem österlichen Ereignis des Sonnenaufgangs. Es äußerlich mitzuerleben, kann uns nicht immer möglich sein. Aber innerlich können wir immer den Anschluss an dieses Geschehen suchen. Ein kosmisches Christentum, das die Natur einbezieht, kann gerade vom Osterfest, dem Fest der Morgenfrühe, seinen Ausgang nehmen.

Wer dem Islam begegnet und erlebt, wie dort immer in Richtung Mekka gebetet wird, stellt sich vielleicht die Frage, wie es denn im Christentum mit einer Gebetsrichtung ist. Es gibt auch hier eine solche, nur ist sie nicht auf einen Erdenort hin gerichtet. Der Christ wendet sich betend nach Osten, zum Aufgang der Sonne und aller Gestirne, dorthin, wo die Auferstehung herkommt. Deshalb hat man die Kirchen so gebaut, dass der Altar nach Osten gerichtet ist. Dies ist nicht eine zwingende Vorschrift wie die Gebetsrichtung des Islam, es kann auch rein innerlich vollzogen werden. Innerlich sollten wir im Gebet immer zum Aufgang der zukünftigen Welt hingewendet sein. Eine unbesiegbare Zuversicht geht daraus hervor.

Wie es sieben Worte am Kreuz waren, so sind es nun auch sieben Erscheinungen des Auferstandenen, die uns in den Evangelien erzählt werden. Auch sie sind voll kosmischer Bezüge. Dies entdeckte als Erster wiederum Rudolf Frieling. So wollen wir seinen Aufsatz, in dem er dies schildert, hier einfügen.*

Die sieben Oster-Geschichten in den Evangelien

Es kann uns immer wieder von Neuem aufgehen, wie die Evangelien in ihrer Vierheit nicht zufällig, sondern vorsehungsmäßig zueinander gekommen sind. So findet sich das kostbare Vermächtnis der »sieben Worte am Kreuz« in keinem einzelnen Evangelium vollständig, aber die vier zusammen ergeben die Siebenheit. Ganz entsprechend verhält es sich mit den Oster-Erzählungen.

Wie viele Erscheinungen des Auferstandenen werden eigentlich berichtet? Nicht nur »erwähnt«, sondern in bildhafter Anschaulichkeit erzählt? – Da ist erstens das Erlebnis der Frauen, insbesondere der Maria Magdalena, früh am Grabe. Am Osternachmittag der Gang nach Emmaus. Am Abend die Erscheinung vor dem Jüngerkreis bei verschlossenen Türen. Eine Woche später, am »Weißen Sonntag«, die Erscheinung insbesondere für Thomas. Ferner sind da zwei nicht genauer datierte Erscheinungen in Galiläa, die eine auf dem Berg, die andere am See. Schließlich die letzte Erscheinung vor den Jüngern, die in die Himmelfahrt einmündet. Das sind zusammen gerade sieben. – Offenbar waren diese sieben nicht die Einzigen. Paulus erwähnt Erscheinungen vor Petrus (auch bei Lukas genannt), vor Jako-

* Enthalten in dem Band *Gesammelte Schriften zum Alten und neuen Testament, Band III: Christologische Aufsätze*, Stuttgart 1982

bus, vor »fünfhundert Brüdern«. Aber im Bilde ausgeführt und regelrecht erzählt sind nur die sieben.

Sollte es ein Zufall sein? Wenn man den besonderen Charakter, den spezifischen Seelenklang dieser sieben Geschichten zu empfinden sucht, kann es einem vorkommen, als sei da dieselbe Siebenheit im Spiele, die in alter Weisheit von jeher als die »sieben Planeten« angesprochen wurde. Diese Überlieferung wird von der Geistesforschung Rudolf Steiners bestätigt und in neuer Weise erkannt; sie ist richtig, unbeschadet unserer modernen Astronomie. Es handelt sich um sieben eigentümliche Wirkens-Weisen von Weltkräften, die man von alters her mit Mond, Venus, Merkur, Sonne, Mars, Jupiter und Saturn verbunden wusste, wobei zwischen Venus und Merkur eine besondere Beziehung, eine gewisse Vertauschbarkeit besteht.

Die Frauen sind die Ersten, in denen ein hellsichtiges Wahrnehmen des Auferstandenen erwacht. Der *Mond*, nicht als bloßer »Himmelskörper«, sondern als eine spezielle Kräftesphäre verstanden, hat eine besondere Beziehung zu dem Element des Weiblichen. Wie der Mond zur silbernen Schale werden kann, so vermag das »Weibliche« im Menschen zur seelenkräftigen Empfänglichkeit für den sonnenhaften Christus zu werden. Die weinende Maria Magdalena, deren tiefer Schmerz zum Auge für den auferstandenen Meister wird, der ihre hingebungsvolle Seele bis zum Rand erfüllt – das ist eine Offenbarung des »Mondenhaften« in seinen edelsten Möglichkeiten.

Ein anderer Ton erklingt in der Geschichte von den zwei Jüngern, die nach Emmaus wandern. Sie sind auch voll Trauer, aber ihre Traurigkeit ist nicht so sehr der elementare persönliche Seelenschmerz der Maria Magdalena – er ist mehr bestimmt von einem »Erkenntnis-Leiden« her. Im Gespräch ringen sie gemeinsam um ein Verstehen des Unbegreiflichen, dessen Zeugen sie am Karfreitag waren. – Ihr aufrichtiges Wahrheits-Suchen macht es möglich, dass der Dritte sich zu ihnen hinzugesellt. Im Wandeln, »unterwegs«, zündet er ihnen das Licht des Verstehens an. Er lehrt sie, den geheimen Sinn der heiligen Schriften zu begreifen. »Musste nicht Christus solches leiden …?« (Lk 24, 26). In diesem »musste nicht?« liegt ein göttlicher Anspruch auf das menschliche Erkenntnisvermögen. Tod und Auferstehung Christi sind nicht ein unbegreifliches »Mirakel«, das man hinnimmt in der Stimmung: »Es ist nun einmal so«. Das »musste nicht?« eröffnet den Blick auf etwas, das im höheren Sinne »einzusehen« ist.

Hier verspüren wir etwas vom Wesen des *Merkur*, des Hermes. Die Griechen sahen ihn als den Götterboten mit den Flügelschuhen, »unterwegs« zwischen Göttern und Menschen, um ihrer wechselseitigen Verständigung zu dienen. »Hermeneutik« hieß die Kunst des Dolmetschens, des Auslegens, wo man klar macht, »was gemeint ist«. Das entsprechende Tätigkeitswort »hermeneuein« kommt in der Emmaus-Geschichte im griechischen Urtext sogar vor! Er »deutete ihnen die Schriften« heißt: »dieherm–neuesen« (Lk 24, 27). Der mit den Zweien wandelnde Christus ist gleichsam ein höherer Merkur.

Die Osterabend-Geschichte, wie sie namentlich bei Johannes erzählt wird (Joh 29, 19–23), erscheint wie in ein geistiges Liebes-Element getaucht (die »Parallelberichte« in Mk 16 und Lk 24 geben offenbar mehr eine Zusammenfassung der ganzen vierzig Tage, sie münden in die Himmelfahrt ein). Hier wird zum ersten Male nach der Auferstehung das »Friede sei mit euch« gesprochen. Dem Friedensgruß antwortet die Freude der Jünger. Der Auferstandene weist ihnen die Wundmale seiner großen Liebestat. Er haucht sie an und gibt ihnen damit einen ersten Anteil am Heiligen Geist, damit sie die Sündenkrankheit heilen können. *Venus*, einstmals der Stern »Lucifers«, wird durchchristet. Venus Urania, die himmlische Liebe, waltet hier zwischen Christus und seinen Jüngern. (Im Sinne der vorhin erwähnten Vertauschbarkeit kann man in diesem »Heilen der Sündenkrankheit« auch ein Merkur-Element empfinden; denn Merkur ist auch der Inspirator des heilenden Wirkens. Andererseits ist in der Emmaus-Geschichte, als in der – neben der Weihnachtsgeschichte desselben Lukas – schönsten neutestamentlichen Erzählung die »liebegetragene Schönheit« eines durchgeistigten Venus-Elementes fühlbar.)

Dieser Oster-Abend findet seine Fortsetzung am Abend des darauf folgenden Sonntages, an dem Ostern seine erste »Oktave« hat. Aber diesmal gilt die Erscheinung speziell dem Thomas. Seine Zweifel schmelzen dahin wie Schnee an der Sonne. Er erkennt unmittelbar die Wirklichkeit und göttliche Hoheit des Auferstandenen. Das anbetend-erkennende Thomas-Wort »Mein Herr und mein Gott« (Joh 20, 28) strahlt sonnenhaft inmitten der Ostergeschichten. Hier sind wir in der Region der *Sonne*. Die Formel »Herr und Gott« wurde, wie moderne religionsgeschichtliche Forschung zeigt, besonders für den Sonnen-Gott verwendet. Die Cäsaren nahmen sie frevelhaft in Anspruch: Domitian ließ sich »Dominus ac Deus noster« nennen, »unser Herr und Gott«.

Der unmittelbar-persönliche, seelengetragene Ausruf der Maria Magdalena »Rabbuni – mein Meister« wird in dem Thomas-Wort eine Woche später ins Sonnenhaft-Geistige hinauf ergänzt. Zum »Meister«, dem verherrlichten Jesus-Menschen, wird hinzuerkannt der »Kyrios« (Herr) in seiner Sonnen-Glorie; dahinter gleichsam und darüber der »Gott« – der Ewige Logos, von dem der Prolog desselben Johannes-Evangelium sagt, dass er »ein Gott« war. Dieses Thomas-Wort bedeutet den vollen Aufgang der Oster-Sonne im Jüngerbewusstsein.

Die Erscheinungen auf dem Berg und am See in der »kosmischen« Galiläa-Landschaft, von denen wir ihrem ganzen Wesen nach annehmen dürfen, dass sie in den späteren Teil der vierzig Tage gehören, wachsen nun immer mehr ins Weite. Auf dem Berg von Galiläa offenbart sich der Christus als der, dem »alle Gewalt im Himmel und auf Erden« gegeben ist (Mt 28, 17). Er lenkt den Blick der Jünger auf das Universal-Menschheitliche. »Gehet hin und machet zu Jüngern alle Völker.« Eine übernationale, in das Geheimnis der göttlichen Trinität hinein getaufte Menschheit soll erstehen anstelle der durch Blutsbande zusammengehaltenen, in blutigen Kriegen einander bekämpfenden Nationen. Die kleine Schar der Jünger wird ausgesandt zu dem größten Eroberungszug, den die Welt je sah. Aus dem Wort »Ich bin bei euch alle Tage« fließt eine unermessliche Ermutigung und Willensbefeuerung. Die Kräfte und Energien des *Mars* sind hier ins Christliche heraufgehoben.

Die Speisung am See mit Brot und Fisch, nach dem wunderbaren Fischzug (Joh 21), ist ganz »*Jupiter*«. Der Planet weisheitsvoller Priesterlichkeit strahlt über dem sakramentalen Geheimnis dieses Mahles. Jupiter ist auch der Planet der »Fülle«, wie sie so eindrucksvoll in der überreichen Spende des Fischzuges zum Ausdruck kommt. Nach alter Tradition steht Jupiter in einer besonders engen Beziehung zum Zeichen der »Fische«. Ebenso trägt die anschließende verschiedenartige Beauftragung des Petrus und Johannes, durch welche die »Führungsverhältnisse« geordnet werden, die Signatur der priesterlichen Jupiter-Sphäre.

Die letzte Erscheinung endlich geht in die Himmelfahrt über. Der Auferstandene wächst nun völlig mit den tiefsten und höchsten göttlichen Kräften des Vaters zusammen. Er geht ja nicht eigentlich weg – das »Ich bin bei euch alle Tage« bleibt in Kraft. Wohl aber überwächst und übersteigt er nunmehr die Schauenskraft der Jünger und kommt ihnen insofern »aus den Augen«.

Saturn wurde stets als der ernste Hüter des Einganges zur Vaterwelt empfunden. Er leitet zum Fixsternhaften hinauf und steht als Wächter vor dem Tor der Ewigkeit. Saturnischer Ewigkeits-Ernst ist über die Geschichte von der Himmelfahrt ausgegossen. Auf die letzten und höchsten Geheimnisse des Welten-Schicksals, die im Vater geborgen sind, weist der Christus die Jünger hin, wenn er auf ihre Frage nach »Tag und Stunde« künftiger Vollendung antwortet: »Es liegt nicht in eurem Bereich, zu erkennen die Zeiten und entscheidenden Werdeaugenblicke, die der Vater gesetzt hat in seiner ureigenen Vollmacht« (Apg 1, 7). Aber er verheißt den Heiligen Geist, und die erscheinenden Engel sprechen von künftigem neuem Schauen des Christus bei Seiner Wiederkehr »in den Wolken des Himmels«. Wie bei den Galiläa-Erscheinungen, wo von der »Vollendung des

Weltenkreises« (Mt 28, 20) und vom Bleiben des Johannes »bis Ich komme« (Joh. 21, 22) die Rede ist, ist die Sphäre des anfänglichen mehr persönlich gefärbten Erlebens auch hier ins Große und Überpersönlich-Weltenhafte erweitert.

Der Ort der Begebenheit, der Ölberg, hat gleichfalls etwas von dem Schwellenhüter-Ernst Saturns. Auf dem Ölberg war es auch, wo der Christus in Gethsemane um die Kraft rang, den Willen des Vaters zu vollbringen bis zum Ende. Es ist, als ob der Ölberg immer verbunden wäre mit dem tödlich-ernsten Stehen vor einem Letzten und Äußeren. Auf dem Ölberg sehen die Jünger den Herrn in die Welt des ewigen Vaterwillens eingehen.

Es hat den Anschein, dass gerade diese sieben Ostergeschichten von den Evangelien unter höherer Inspiration »ausgewählt« worden sind, die in ausgesprochener Weise den Charakter der sieben planetarischen Stufen tragen. Es wird dadurch fühlbar, dass »Himmelfahrt« am Schluss der vierzig Tage kein unvermittelt-plötzlich-unerwartetes Ereignis ist, sondern dass es sich organisch vorbereitet. Der Auferstandene »wächst« innerhalb der vierzig Tage, die Kräfte immer neuer übersinnlicher Wirkenskreise strömen ihm zu, er trägt den Auferstehungsleib immer tiefer ins Sein hinein, macht ihn gewissermaßen von Tag zu Tag »seiender« und substanzieller, bis er in der Himmelfahrt zur Vereinigung mit dem Vater im Himmel herangereift ist. So wird schon zu Beginn dieses Weges das Ziel vorausgenommen, indem am Ostermorgen der Auferstandene zu Maria Magdalena sagt: »Ich steige auf zu meinem Vater und zu eurem Vater, zu meinem Gott und zu eurem Gott« (Joh 20, 17).

— Himmelfahrt

An der Abfolge der sieben Ostergeschichten und ihrem Bezug zu den sieben Planeten konnten wir sehen, wie der Auferstandene größer und weiter wird, bis er die ganze Welt umfasst. Das ist auch unsere Aufgabe im Übergang von Ostern zu Himmelfahrt. Durch die vierzig Tage hindurch sollen wir mit Ihm weiter und weiter werden. Er wurde erhoben in die Sphäre der Wolken. Was das heißt, möge eine kleine Geschichte verdeutlichen.

Wir fuhren lange Jahre jeden Sommer mit einer großen Kindergruppe von Stuttgart nach Hamburg mit dem Zug in die Ferienfreizeit. Dabei war es jedes Mal eine schauerliche Attraktion, wenn wir zwischen Fulda und Bebra an der Grenze zur DDR vorbeikamen. Der breite Todesstreifen mit seinen Wachttürmen, der sich wie ein Gestalt gewordener Wahnsinn durch das Land zog, lehrte das Fürchten. Auf einer solchen Reise erlebten wir einmal einen ganz besonders schönen Tag mit blauem Himmel, Sommerwolken und leichtem Wind. Und die Wolken schwebten über diese Grenze hinweg mit unberührter Leichtigkeit und Schönheit.

Über allem Trennenden gibt es das Menschheit und Erde umspannende Reich des zum Himmel Erhöhten. Wir sollen unseren Blick dorthin erheben. Seit einiger Zeit ist das Wort »global« und »Globalisierung« in Mode gekommen.

Es wird ganz still und ohne Aufhebens schon lange dort gelebt, wo Menschen, die engen Begrenzungen überwindend, sich in ihren Gedanken und Empfindungen in Sein Reich erheben.

Ein besonderes Phänomen der Gegenwart sind die vielen jungen Leute, die sich einen Rucksack nehmen und durch die Welt ziehen. Sie haben es zwar oft nicht leicht, sich danach ins Berufsleben einzuschränken. Es muss auch zum äußeren Erfahren die innere Erweiterung hinzugeleistet werden. Und doch geschieht etwas Großes. Diese jungen Menschen erheben sich ins Menschheitliche und werden unanfällig für nationalistische und ideologische Infektionen. Auch wenn sich vielleicht die Wenigsten dessen bewusst sind: Sie suchen Ihn, den alle Menschen begleitenden und in allem Menschlichen lebendigen Christus. Sie wandern durch die Welt, um die Spuren des weltumspannenden Christusgeistes zu suchen.

— Pfingsten

Nach dem Schwarz der Passionszeit, dem strahlenden Rot der Oster- und Himmelfahrtszeit, leuchtet der Altar zu Pfingsten im lichten Weiß. Nach dem Weg von Ostern zu Himmelfahrt über die irdischen Beschränkungen hinaus haben wir mit Pfingsten den Himmel erreicht. Aber es ist nicht das alte Paradies des Ursprungs, sondern der neue Himmel, das sonnenhelle Reich des Geistes, das durch Christus und das Mittun von uns Menschen erbildet werden wird. Das leuchtet zu Pfingsten auf wie ein Zukunftsblick, eine Zukunftsahnung. So ist die Pfingst-Festeszeit auch kürzer als alle anderen. Sie dauert nur drei Tage.

Das Zeitengebet zu Pfingsten spricht vom Geist, der vom Vater ausgeht und durch Christus in unsere Seelen gesandt wird. Damit ist etwas zu dem Streit gesagt, der die östliche von der westlichen Christenheit getrennt hat und der heute überwunden werden kann und soll.

Wir wollen an dieser Stelle einen Ausflug in die Geschichte unternehmen. Im Jahre 857 wurde in Byzanz vom oströmischen Kaiser sein Günstling Photios zum Patriarchen erhoben, obwohl dieser ein Laie war. Im Eilverfahren wurden ihm innerhalb einer Woche alle Weihen erteilt. Photios war ein herausragender Gelehrter. Wir verdanken ihm eine Art Literaturgeschichte (Myriobiblion), in der umfangreiche Auszüge aus den Werken antiker Autoren überliefert sind. Sie ist die einzige Quelle für viele hervorragende Schriftsteller des Altertums geblieben.

Papst Nikolaus I. (858–867) benutzte diesen Vorgang, um seine richterliche Macht auch im Bereich der Ostkirche geltend zu machen. Er erklärte, Photios' Erhebung zum Patriarchen sei unrechtmäßig, und sprach 863 seine Absetzung aus.

Hinter diesem kirchenrechtlichen Schritt verbarg sich ein tieferer Konflikt. Photios vertrat nämlich mit großer Entschiedenheit eine Auffassung über das Wesen des Heiligen Geistes, die dem in Nicäa 325 festgelegten Dogma über die Dreieinigkeit Gottes entsprach, von dem man in der Westkirche inzwischen aber erheblich abgewichen war. In die lateinische Fassung des Glaubensbekenntnisses war ein Zusatz eingefügt worden (das »Filioque«), der besagt, dass der Geist nicht nur vom Vater, sondern auch vom Sohn ausgeht. Im Osten verstand man unter dem »rechten Glauben« das Festhalten am Ursprünglichen, Alten, während im Westen sich schon damals das Prinzip einer fortwährenden Entwicklung des Verständnisses geltend machte. – Durch Papst Nikolaus' Dekret der Absetzung des Photios wurde der Grund gelegt für die Abtrennung des Ostens von der fortschreitenden Entwicklung. Das Schisma im Jahre 1054 war dann die Besiegelung der im 9. Jahrhundert begonnenen Entwicklung.

Aller spätere Gegensatz im Kulturellen und im Politischen zwischen Ost und West ist ein Ergebnis dieser Kirchenspaltung. Im Westen ging die Entwicklung weiter – mit allen Licht- und Schattenseiten; im Osten bildete sich ein Reservoir ursprünglicher, kindlich-frommer Seelenkräfte, das auf zukünftige Aufgaben wartet.

Durch Photios wurden 863 Kyrill und Method, die beiden Slawenapostel, in das Ostmährische Reich entsandt.

Dort entfalteten sie in kurzer Zeit eine unglaublich fruchtbare Tätigkeit. Durch Kyrill wurde das nach ihm benannte kyrillische Alphabet geschaffen, und sie führten eine Liturgie in der slawischen Landessprache ein. Dadurch wurde dem Volk das Mysterium unmittelbar nahe gebracht. Die Getauften mussten nicht Latein können, um die Liturgie und die heiligen Schriften zu verstehen. So wurde im Osten Europas eine große Unmittelbarkeit der Christuserfahrung Wirklichkeit, während im Westen die Organisation Kirche einen immer stärkeren Einfluss gewann.

Hier wollen wir mit aller Vorsicht in die karmischen Hintergründe schauen, die diesem Geschehen zugrunde liegen. Es ist dies dadurch möglich, dass seit einigen Jahren Briefe veröffentlicht sind, die auf besondere Weise entstanden sind.

1916 starb der Generalfeldmarschall Helmuth von Moltke. Er und vor allem seine Frau Eliza waren intensiv mit Rudolf Steiner verbunden. Nun trat das Besondere ein, dass Helmuth von Moltke durch Rudolf Steiner nach seinem Tod bis in das Jahr 1924 hinein Briefe an seine Frau schrieb. In diesen Briefen macht er Mitteilung davon, wie sich sein Seelenhorizont immer mehr erweitert, wie er das karmisch Notwendige der Tragik seiner letzten Lebenszeit und der Zeitereignisse erkennen und bejahen lernt.

Er schaut zurück auf sein letztes Erdenleben als Papst Nikolaus I. im 9. Jahrhundert. Dabei wird ihm deutlich, wie damals durch ihn der Grund gelegt worden ist für die Trennung Europas in Ost und West, und welcher Impuls ihn damals geleitet hat. Es sollte ein großer Bereich der Christenheit von der westlichen Entwicklung abgeschnitten werden, ein Reservoir von kindlichen Seelenkräften für die Zukunft gebildet werden. Seelenkräfte, die erst ab dem 21. Jahrhundert in die Entwicklung einfließen sollen.

Und er erkennt, wie das Altgewordene in der Katastrophe des Weltkrieges und in weiteren Katastrophen des 20. Jahrhunderts zugrunde gehen muss. Wie aber mit dem Ende des 20. Jahrhunderts die Möglichkeit sich eröffnet, dass aus einer neuen Geistigkeit heraus die Spaltung Europas wird überwunden werden können. Und so geht sein Blick hoffnungsvoll zur Jahrtausendwende, und er teilt seiner Frau mit:

»Der Osten wartet auf eine Aufgabe, zu der ich mich für das nächste Jahrhundert bereiten soll. Es sollen dann irdische Einrichtungen als Abbildung geistiger Einrichtungen getroffen werden. Sie [Eliza von Moltke] und andre mit uns Verbundene sollen dabei mitwirken. Es geht jetzt eine geistige Öde über die Erde [...] Im 20. Jahrhundert wird viel Materialismus herrschen, der wird im 21. Jahrhundert noch größer sein. Aber überall werden Zentren von spirituellem Wollen und Handeln sein. Da wird die Aufgabe liegen.«

In solchen und ähnlichen Mitteilungen schaut er in die Zukunft, in unsere heutige Gegenwart. Es ist sicher eine der vornehmsten Aufgaben der Christengemeinschaft und mit ihr der ganzen anthroposophischen Bewegung, den tausendjährigen Riss, der durch Europa gegangen ist, wieder zu heilen. Eine wahrhaft pfingstliche Aufgabe.

— Johannis-Festeszeit

Zu Pfingsten 1924 fuhr Rudolf Steiner auf Einladung des Grafen Keyserlingk auf dessen Gut Koberwitz bei Breslau, um dort einen Kurs über biologisch-dynamischen Landbau zu halten. Dort nahmen auch die drei Breslauer Priester teil: Rudolf von Koschützki, Rudolf Meyer und Kurt von Wistinghausen. Ihnen überreichte Rudolf Steiner eines Morgens die von ihm in der Nacht niedergeschriebenen Gebete für das Johannis-Fest. Er war selbst von ihrer Schönheit überaus berührt und bat sie, sie vor seinen Augen durchzulesen. Kurt von Wistinghausen bedauerte zeitlebens, dass sie damals zu befangen waren, um in den Jubel über die Schönheit dieser Texte gebührend einzustimmen.

Rudolf Steiner verhielt sich zu den kultischen Texten so, dass er sie als Geschenke der geistigen Welt empfing und überreichte. Er hat sie zwar aufgeschrieben, sie liegen in seiner Handschrift vor. Er betrachtete sie aber nicht als »aus seiner Feder stammend«. Von all diesen geheimnisvoll poetischen Wortgebilden sind die Johannisgebete die »anthroposophischsten«. Man spürt ihnen die Zeit ihrer Entstehung an, sie haben die Aura der besonderen Tage in Koberwitz, in denen so viel für die Rettung der Fruchtbarkeit der Erde gegeben wurde.

Am Beispiel der Landwirtschaft wird besonders deutlich, wie wichtig heute eine bewusste Neuentdeckung und Erforschung der Gesetze des Lebens ist. Jahrhunderte sind mit der immer minutiöseren Erkundung der physikalischen und chemischen Grundlagen verbracht worden. Es gibt zwar eine Biologie, aber sie besteht im Wesentlichen aus Biochemie, also Erforschung der Chemie im Bereich des Lebendigen. Was das Leben selbst ist, entzieht sich dieser Forschung. Die Anwendung der mechanistischen Naturwissenschaft auf die Lebewesen aber bewirkt eine immer schlimmer werdende Vergewaltigung der Natur und Zerstörung der natürlichen Grundlagen. Vergiftung der Erde, Massentierhaltung, Genmanipulation, Klimawandel sind nur die extremsten Erscheinungen dieser Grundhaltung.

Von Johannes dem Täufer ist das Wort überliefert: Ändert euren Sinn! Auch heute sind die Mahnrufer aufgestanden, die zur heute notwendigen Sinneswandlung gegenüber der Erde aufrufen. Eine der markanten Gestalten war Herbert Gruhl, der mit seinem Buch »Ein Planet wird geplündert« aufrüttelte und wesentlich zur Begründung der ersten grünen Partei der Welt beitrug. Das war gerade am Beginn des zweiten Jahrhunderts der Michael-Herrschaft. Im Januar 1980 war der erste große Parteitag der Grünen in Karlsruhe. Ein unvergessliches Ereignis für alle, die teilgenommen haben.

Wie können wir wahrnehmend werden für die Welt des Lebens, für das Leben selbst? Hier kann uns Goethe der große Lehrmeister werden. Sein Wort: »Die Sinne trügen nicht – der Verstand ist's, der betrügt« kann uns ermuntern, unsere Sinne immer besser gebrauchen zu lernen, aufmerksamer durch die Welt zu gehen. Da müssen wir vieles überwinden, was als durch lange Zeiten erworbene Gewohnheit stört. Jahrhundertelang ist die Sinnenwelt als sündig verschrien worden und war die Pflege einer einseitigen Innerlichkeit geboten. Als Bernhard von Clairvaux (1091–1153) von einem Kloster zum anderen wanderte, kam er am Vierwaldstätter See vorbei. Als man ihn später fragte, wie ihm der See gefallen habe, soll er geantwortet haben: »Was für ein See?«. Diese Abkehr galt im Mittelalter als die einzig zum Heil führende Haltung. Man hatte Gebete zu murmeln und sich von nichts »Äußerem« ablenken zu lassen.

Sinneswandlung heute heißt: Öffnen der verschlossenen Sinne. Im Buch Jesaja im 6. Kapitel lesen wir von der Berufung des Propheten. Er bekommt einen uns zunächst sehr seltsam anmutenden Auftrag: *Verhärte das Herz dieses Volkes, verstopf ihm die Ohren, verkleb ihm die Augen.* Er fragt, wie lange das so gehen soll, und erhält die Antwort: *Bis die Städte verödet sind und das Ackerland zur Wüste geworden ist.*

Jesaja lebte im 8. Jahrhundert vor Christus (ca. 740 – 701) in Israel. In jener Zeit wurden die ersten Grundlagen für jene Haltung gegenüber der Welt gelegt, die sich heute über die ganze Welt verbreitet hat und noch immer mehr verbreitet. Individuation, Stärkung der Einzelpersönlichkeit und innere Selbstständigkeit sind die positiven Ergebnisse dieser Haltung. Verlust der Wahrnehmung, Realitätsverlust sind ihre Schattenseite. Der Mensch, der mit verklebten Augen und verstopften Ohren durchs Leben geht, wird zum Feind der lebendigen Erde. Aus seinen kurzgriffigen Vorstellungen heraus misshandelt er die Erde, *bis die Städte verödet sind und das Ackerland zur Wüste geworden ist.* Moralische Aufrufe und Gesetze, so wichtig sie sind, können das Problem der Umweltzerstörung nicht lösen. Letztlich kann dies nur das wieder neu gelernte Wahrnehmen, das Öffnen der Augen und Ohren.

Für das Erüben der neuen Haltung, der heute notwendigen Sinneswandlung, kann uns Goethe zum großen Vorbild werden. Er hat sein Leben lang eine wirklich vorurteilsfreie Naturbeobachtung geübt. Dabei wurde ihm deutlich, dass die Natur Offenbarung des Geistes ist.

Die Geisterwelt ist nicht verschlossen,
Dein Sinn ist zu, dein Herz ist tot.
Auf, bade Schüler unverdrossen,
die ird'sche Brust im Morgenrot.
(aus Faust, erster Teil)

In diesen Zeilen gibt Goethe einen guten Rat, den er selbst sein Leben lang befolgt hat. Was heißt es, die ird'sche Brust im Morgenrot zu baden? Es heißt ganz konkret, früh aufzustehen und die Morgenstunde für die Erweckung des Geistes zu nutzen. Goethes herrliche Dichtwerke sind Früchte des »Morgenrotbades«. Ganz markant hat er diese Lebensmaxime einmal so zusammengefasst: »Früh rein – früh raus!«

Viele Menschen behaupten, sie könnten nicht früh aufstehen. Richtiger wäre zu sagen, sie können es nicht freiwillig. Müssten sie es, so ginge es auch. Nur ist unser freier Wille eben noch schwach. Und wir leben in einer Kultur, die immer mehr die Nacht entdeckt. Da ist es schwer, gegen den Strom zu schwimmen.

Wer seine Aufmerksamkeit schult, wird bald bemerken, wie sich sein Verhältnis zum Licht verwandelt. Hat er vorher auf das Licht nicht weiter achtgegeben, nur die beleuchteten Gegenstände gesehen, so wird es ihm jetzt selbst immer mehr zum Erlebnis. Und das Licht gehört ja zu den großen, offenbaren Geheimnissen der Welt. Ist es doch für sich unsichtbar, wird aber sichtbar, indem es etwas bescheint. Könnten wir abends mit einem Ballon in große Höhen aufsteigen, so wäre es lange stockfinster um uns. Dann aber, wenn wir aus dem Erdschatten träten, käme der Moment, da wir uns in strahlendem, flutendem Sonnenlicht befänden. Auch der Nachthimmel über uns ist voller Licht, das wir aber nur dort sehen, wo etwas von ihm beleuchtet wird. Das Licht selber sehen wir nie, nur verschiedene Farbschattierungen. Es wirkt also immer auch das Beleuchtete mit. »Am farbigen Abglanz haben wir das Leben« heißt es im »Faust«. Und doch sehen wir auch das unsichtbare Licht. So wie wir den unsichtbaren Menschengeist am Leuchten des Auges, des Antlitzes sehen können.

Im Anfang seiner »Hymnen an die Nacht« preist Novalis das Licht in unerreicht schönen Worten:

Welcher Lebendige, Sinnbegabte, liebt nicht vor allen Wundererscheinungen des verbreiteten Raums um ihn, das allerfreuliche Licht – mit seinen Farben, seinen Strahlen und Wogen; seiner milden Allgegenwart, als weckender Tag. Wie des Lebens innerste Seele atmet es der rastlosen Gestirne Riesenwelt, und schwimmt tanzend in seiner blauen Flut – atmet es der funkelnde, ewigruhende Stein, die sinnige, saugende Pflanze, und das wilde, brennende, vielgestaltete Tier – vor allen aber der herrliche Fremdling mit den sinnvollen Augen, dem schwebenden Gange und den zartgeschlossenen, tonreichen

Lippen. Wie ein König der irdischen Natur ruft es jede Kraft zu zahllosen Verwandlungen, knüpft und löst unendliche Bündnisse, hängt sein himmlisches Bild jedem irdischen Wesen um. – Seine Gegenwart allein offenbart die Wunderherrlichkeit der Reiche der Welt.

Michaeli

Zwischen Johannis-Zeit und Michaeli stehen zehn Sonntage mit einer sehr interessanten Abfolge von Evangelienlesungen, die Michaeli vorbereiten. Hans-Werner Schroeder hat darüber in seinem Buch »Das Evangelium im Jahreslauf« geschrieben. Nach dieser Zeit der Vorbereitung kommt mit dem 29. September das Michaelsfest. Was wird hier gefeiert?

»Die Kraft, welche dem Menschen die Gedanken zuträgt, wurde in alten Zeiten Michael genannt. Der Name kann beibehalten werden« (Rudolf Steiner, Anthroposophische Leitsätze).

Der starke Erzengel, der das Gedankenlicht im Universum hütet, steht uns bei in den Stürmen der Zeit. Während wir zu Pfingsten und Johanni mit Christus in den Höhen wandeln durften, führt sein Weg jetzt wieder in die Erdenverhältnisse hinein. Der Herbst ist zumeist die Zeit der dramatischen Ereignisse. Da brauchen wir die klare Besonnenheit, die Ruhe des Denkens, die innere Sicherheit. Sie kann uns zuteil werden im Blick auf den strahlenden Sonnenengel, der uns Mut einflößt, im Kampf nicht zu verzagen. Die ahrimanischen Drachenmächte sind furchtbar tätig, im Großen und im Kleinen Verwirrung und Chaos stiftend. Alles kommt darauf an, dass wir uns das unbefangene Hinschauen und das klare Urteilen nicht trüben lassen.

Der russische Philosoph Wladimir Solowjow (1853–1900) schrieb in einem Brief im Jahr 1888, er lebe nur noch

»sub specie Antichristi venturi« (unter dem Blickwinkel der Ankunft des Antichrist). Kurz vor seinem Tode schrieb er die »Kurze Erzählung vom Antichrist«, in der er dessen Kommen für den Anfang des 21. Jahrhunderts voraussagt. Das klingt mit gewissen Vorhersagen Rudolf Steiners zusammen. Dabei ist ganz deutlich: Diese widergöttliche Erscheinung, die den Gipfel materialistischer Lebensart bringen wird, ist notwendig, sie kann nicht verhindert werden. Aber es wird alles darauf ankommen, dass genügend Menschen da sein werden, die urteilsfähig sind.

Es besteht die große Gefahr, dass der auftretende teuflisch-geniale Weltführer von vielen Christen als der wiedergekommene Christus, von den Juden als der Messias, von den Muslimen als der Verborgene Imam, von den Buddhisten als der erwartete Maitreya Buddha und von den Atheisten einfach als genialer Führer gefeiert werden wird. Dann wird es sehr schwer sein, sich der Wucht der Weltmeinung entgegenzustellen und den klaren Blick zu behalten. Dem gehen wir entgegen.

*

Hier schließt sich der Kreis der Jahresfeste. Wir sind durch ihr Mitfeiern mit dem Auferstandenen gewandelt, Ihm nachgefolgt. Und wir sind bei der Notwendigkeit angekommen, im rechten Sinne Zeitgenossen zu sein. Es ist eben etwas anderes, im Jahr 2010 Michaeli zu feiern, als es im Jahr 1924 war.

Es war im Sinne des Erzengels, dass zunächst einmal das Alte, nicht mehr taugliche, zerstört wurde. So kam es dreiunddreißig Jahre nach dem Beginn der Michaels-Zeit als ein bildlich realer Weckruf am 15. April 1912 zum Untergang der Titanic. Das Luxusschiff, bei dem die Reklame sich bis zu dem Satz verstiegen hatte: »Selbst Gott kann dieses Schiff nicht versenken.« Wieder dreiunddreißig Jahre später, im Jahr 1945, lag ganz Europa in Schutt und Asche.

Am Beginn des zweiten Jahrhunderts der Michaels-Zeit standen starke Impulse der Friedens- und der Ökologiebewegung. Dreiunddreißig Jahre ist der historische Rhythmus von der Saat zur Ernte. 2012 wird sich zeigen, wie viel von dieser Saat des Jahres 1979 fruchtbar geworden ist.

— Nachfolge im persönlichen Leben

Das Leben geht weiter. Dieser Satz ist so elementar wie er tief ist. Er kann grausam scheinen, wenn wir einen großen Verlust erlitten haben, ein lieber Mensch uns gestorben ist. Wir haben vielleicht das Gefühl, es könne gar nicht mehr weitergehen. Aber das Leben geht weiter, und wir sollen mit ihm weiterschreiten.

Mensch, so du etwas bist, so bleib doch ja nicht stehn.
Du musst von einem Licht fort in das andre gehn.

So dichtete Angelus Silesius (1624–1677) in seinem »Cherubinischen Wandersmann«. Heute können wir vielleicht hinzufügen, dass es auch gilt, im Dunklen nicht stehenzubleiben. Gerade in schlimmen, bedrückenden Lebenskrisen kommt alles darauf an, dass wir Schritte tun, und wenn sie auch noch so klein sein mögen. Paradoxerweise ist der erste Schritt der, dass wir innehalten. Das können wir unser Leben lang im Gebet üben, dann steht uns diese Fähigkeit in der Krise zur Verfügung.

Was heißt »innehalten«? Es heißt innerlich anhalten und wahrnehmen. Das Wahre – Währende, Bleibende, Ewige – ist immer da. Wir brauchen es nur zu nehmen, es aufzunehmen. Wir verbinden uns im Wahr-Nehmen mit der Wirklichkeit, treten heraus aus dem Nebel unserer subjektiven Befindlichkeit. Dieses Wahrnehmen kann sich auf einen großen Gedanken richten oder mittels der Sinne auf etwas in unserer Umgebung. Immer wirkt es auf uns befreiend, in Bewegung bringend. Und die Wirklichkeit ist eben nicht statisch, sondern im Fluss. Wollen wir an ihr teilnehmen, müssen wir den Stillstand überwindend voranschreiten. Wir sprechen dabei auch von »Entwicklung«. Das Wort legt uns nahe, dass es da tief im Inneren einen Kern gibt, der aber vielfältig eingewickelt ist. Uns aus all diesen Verwicklungen zu befreien, ist unsere Aufgabe.

Christus lebt in der Tiefe unserer Seele. Er lässt uns völlig frei, wartet geduldig, ob wir uns ihm zuwenden. Wir können seiner bewusst werden, im Mitleben mit dem Jahreslauf, uns tiefer und tiefer mit der Wirklichkeit verbindend. Das ist Nachfolge Christi heute.

— Anhang

— Bildschaffendes gemeinsames Tun

Es ist Eines, über eine Sache zu reden, in Vorträgen oder Rundgesprächen Argumente dafür und dagegen zu bewegen. Eine andere Möglichkeit des Ausdrucks kann in einem gemeinsamen bildschaffenden Tun bestehen. Dieses Letztere hat bei Jugendtagungen der Christengemeinschaft eine immer größere Beliebtheit erlangt. Dafür ist eine Idee nötig, außerdem Phantasie, um in einer einfachen Form, die sich eventuell während der Darstellung wandeln kann, um diese Idee zum Ausdruck zu bringen. Einige Beispiele hierfür sollen hier berichtet werden.

1988 hatten wir in *Ulm* eine Karwochen- und Ostertagung. Während dieser Woche stürzte am Gründonnerstag ein Flugzeug erschreckend nah bei einem Atomkraftwerk ab. Wir beschlossen eine Mahnwache auf dem Platz vor dem Münster am Karfreitag um 15 Uhr abzuhalten.

Die ganze Gruppe (ca. 100 Jugendliche) stand schweigend vor dem Münster im Kreis. Viele hatten ein Plakat auf dem Rücken, auf dem der Anlass der Aktion beschrieben war, sodass vorübergehende Menschen sich informieren konnten. Mit dem Glockenschlag 15.15 Uhr verwandelte sich der Kreis in ein großes Kreuz, um 15.30 Uhr wieder in den Kreis, um 15.45 und 16 Uhr entsprechend noch einmal. Gerade das lange schweigende Bedenken und die Verwandlung vom Kreis zum Kreuz und zurück erzeugten eine große Dichte des Erlebens. Wir spürten die starke Aussagekraft solcher Figuren wie Kreis und Kreuz.

1990 hatten wir im Juli eine erste große Jugendtagung der Christengemeinschaft in *Moskau.* Mit uns war ein Künstler aus Stuttgart – Dieter Göltenboth – mitgefahren. Nach seiner Anleitung erbauten wir auf dem Arbat, in Moskaus Fußgängerzone, symbolisch, das europäische Haus. Dies war ein Begriff, der damals von Gorbatschow ins Spiel gebracht worden war. Zunächst standen sich die etwa 170 Teilnehmer in zwei Blöcken mit gesenkten Blicken gegenüber, unbewegt. Dann begann innerhalb der Blöcke unter den Menschen eine Bewegung. Die Blicke erhoben sich und man fing an, auch die Menschen im anderen Block zu sehen. Dann gab es einzelne mutige Austausche von Block zu Block. Schließlich wurde aus der ganzen Menschenmenge ein riesengroßer Kreis, der einen Tanz begann. Zu diesem Tanz luden wir dann auch die umstehenden Zuschauer ein, die gern mitmachten. Ja, sogar einige Polizisten waren unter den Tanzenden.

1991 gab es in *Moskau* eine große Jugendtagung in der Karwoche mit einer unvergesslichen Aktion am Karfreitag. Wir hatten uns in der Vorbereitung Gedanken gemacht, was uns als charakteristisch für Moskau erschien. Dabei kamen wir auf das Lenin-Mausoleum, in dem der einbalsamierte Staatsgründer in einem Glassarg liegt und von Tausenden von Besuchern während der Sowjetzeit wie ein Gott verehrt wurde. Hier war etwas pervertiert, was wir uns entschlossen ins Rechte zu denken. Wir sagten uns:

Des Menschen Sterbliches soll begraben, sein Unsterbliches aber zum Leuchten gebracht werden. Hier in Moskau wird das Zeitliche, Vergängliche des Menschen konserviert, sein ewiges Wesen aber droht unter dem herrschenden Materialismus, der in der Sowjetunion wie eine Staatsreligion verordnet war, begraben zu werden. Und wir dachten an die Worte aus der Menschenweihehandlung, dass das Ewige nicht um des Zeitlichen willen begraben werden darf.

Wir planten ein symbolisches Leninbegräbnis für den Karfreitag um 15 Uhr. In Moskau herrschten in jenen Tagen heftige Auseinandersetzungen zwischen Anhängern Boris Jelzins und der damals noch von Gorbatschow geführten Staatsmacht. Am Gründonnerstag sahen wir in der Innenstadt zehntausende Menschen »Jelzin, Jelzin« rufend durch die Straßen ziehen. Auf den Dächern waren Rotarmisten mit Maschinengewehren postiert. Es war klar, dass wir in dieser aufgeheizten Stimmung auf dem Roten Platz am nächsten Tag nichts würden durchführen können.

So änderten wir unseren Plan und zogen am Karfreitag-Mittag auf die Leninberge am Rande der Stadt. Dort breiteten wir die mitgebrachte symbolische Menschengestalt, die auf einem Betttuch mit Hilfe von Batik dargestellt war, auf dem Boden aus. Dann konnte jeder wie bei einer richtigen Beerdigung der Reihe nach eine Handvoll Erde auf das Tuch werfen, bis dieses ganz bedeckt war. Danach stellten wir uns in einem kompakten Kreuz so auf, dass der »beerdigte« Lenin in der Mitte war. Mit Blick auf die Stadt – man sieht von dort bis zum Kreml – verharrten wir etwa 15

Minuten schweigend, das Vollbrachte bedenkend. Unvergesslich bleibt die graue Stimmung an jenem Tag und die Krähen, die sich um uns herum auf den Bäumen niederließen. Teilgenommen hatten etwa 80 Menschen. Manche der Tagungsteilnehmer hatten es vorgezogen, in der Stadt zu bleiben. Denn am Vormittag war eine heftige Diskussion über das ganze Unternehmen entbrannt.

1995 feierten wir zu Pfingsten in *Stuttgart* in der Waldorfschule am Kräherwald eine Jugendtagung mit 450 Teilnehmern zu dem Thema »Ziellos?! – Die Kunst, ein Ziel zu haben«

Einige markante Persönlichkeiten wie der damalige Oberbürgermeister von Stuttgart, Manfred Rommel, oder der Erfinder des Blitzlichtes, des Dübels und vieler anderer technischer Dinge, Arthur Fischer, oder der unvergessliche Pionier der biologisch-dynamischen Landwirtschaft, Karl Tress, erzählten aus ihrem Leben, wie sie ihr Ziel erkannt und gefunden hatten. Am letzten Abend liefen wir im Innenhof der Schule eine imaginäre Menschengestalt ab, mit Kerzen in den Händen. Schließlich wurden die Kerzen abgestellt, so dass der leuchtende Mensch in seinen Umrissen von allen angeschaut werden konnte. Die Stimmung des Pfingstfestes senkte sich in unvergesslicher Weise herab.

Mit einer ähnlichen Aktion versammelten wir uns in Stuttgart auf dem Schillerplatz am Silvesterabend **1999**. Während auf dem Schlossplatz, gleich nebenan, eine lärmende Party abging, wurde hier eine leuchtende Menschengestalt gebildet, die in aller Stille das dritte Jahrtausend nach Christi Geburt begrüßte. In der Zeitung hatten wir vorher darauf hingewiesen. Einige Menschen konnten dadurch zum Mitmachen gewonnen werden.

1999 kam es in *Stuttgart* rund um die totale Sonnenfinsternis am 11. August in drei Schulen zu einer großen Jugendbegegnung mit über 1300 Teilnehmern. Als ein Symbol für diese Tagung hatte Fridtjof Altemüller, der unser Programm grafisch gestaltete, das geheimnisvolle Sonnenzeichen aus Newgrange in Irland gefunden. Davon angeregt, vollzogen wir eine Stunde vor der Verfinsterung auf dem Schillerplatz einen Sonnenlauf mit allen Teilnehmern. Die Schulen unterschieden sich durch Halstücher in gelb, rot und blau. Die Teilnehmer liefen in drei ineinander übergehenden Spiralen, was gerade durch die verschiedenen Farben sehr schön aussah. Ein Mädchen aus Johannesburg, das ich vier Jahre später wiedertraf, sagte mir, es müsse nur an diesen Sonnenlauf zurückdenken, und es liefe ihm immer noch kalt den Rücken herunter, so schön sei es gewesen. Alle gemeinsam sprachen Schillers Text »Das Universum ist ein Gedanke Gottes …« Im Anschluss daran erklang eine Glockensinfonie mit allen Kirchen der Stuttgarter Innenstadt, die ich angeregt hatte. Dann kam die »doppelte Verfinsterung«. Doppelt war sie, weil zu der Bedeckung durch den Mond noch dicke Wolken hinzukamen. Ein Schwarm Tauben flog während der totalen Finsternis wie torkelnd über den Platz. Gerade durch sie kam das Unheimliche des Augenblicks in besonders eindringlicher Weise zum Ausdruck. Als die Sonne wieder zu scheinen anfing, stimmte vom Turm der Stiftskirche ein Posaunenchor Beethovens Hymne »Freude schöner Götterfunken« an, die von allen auf dem Platz mitgesungen wurde. Für mich war damals ein starkes Erlebnis die Empfindung: Jetzt hat sich die Jahrtausendwende vollzogen!

2004 gab es zu Himmelfahrt in *Kassel* eine Jugendtagung mit etwa 200 Teilnehmern zum Thema »Adamah«, die wiederum eine sehr schöne Performance mit sich brachte. Im Park bei der Orangerie stand die ganze Gruppe im Erdenzeichen, einem Kreis mit dem darauf stehenden Kreuz. Dann wanderte das Kreuz in den Kreis herein, so dass sich das irische Sonnenkreuz bildete. Alle Teilnehmer hatten in verschiedenen Sprachen das Gedicht von Herbert Hahn »Erst wenn ich Lichtes denke … ist die Erde ein Stern« auswendig gelernt. Dann wurden die im Kreuz Stehenden in den Kreis aufgenommen. An einer Stelle stülpte sich der Kreis nach außen, sodass nun jeder an jedem vorüber kam und alle sich begrüßten. Der Himmel leuchtete in herrlichem Blau mit weißen Wolken. Man konnte den Eindruck haben, die Erde feiere mit uns.

2005 gedachte die Menschheit des 60. Jahrestages des Kriegsendes und Schillers 200. Todestages. Dass diese Gedenktage zusammenfallen würden, war mir bereits im Jahr 2000 in einem denkwürdigen Augenblick aufgefallen. Ich dachte mir damals: 60 Jahre nach dem Ende des Krieges gibt es noch viele lebende Zeitzeugen. Es wird vielleicht das letzte Mal sein, dass die Nazikatastrophe wie gegenwärtig vor Augen steht. Beim 70. Jahrestag wird die ganze Sache schon eine Angelegenheit der Geschichtsbücher geworden sein. So rief ich schon damals meine Kollegen auf, eine große Jugendbegegnung im Jahr 2005 zu veranstalten. Da Stuttgart eine Schillerstadt ist, dachte ich auch, dass dies der richtige Ort sein würde. Im Januar 2001 rief ich Lehrer der umliegenden Waldorfschulen zusammen. Ich stellte ihnen den Plan vor, im Schillerjahr 2005 im Stuttgarter Theaterhaus durch die zwölften Klassen Schillers »Europadramen« zur Aufführung zu bringen. Mir war inzwischen deutlich geworden, wie tief sinnvoll das Zusammenfallen der beiden Gedenktage sein würde, dass wir Schiller wie einen Genius des sich vereinigenden Europas ansehen dürfen. Seine »Ode an die Freude« ist ja auch zur Europahymne geworden. Der Vorschlag wurde von den Lehrern mit Begeisterung aufgegriffen. Sie verteilten die Dramen unter sich, die entsprechenden Schüler waren damals in der achten Klasse.

Die ganze Vorbereitung machte im Lauf der vier Jahre einige Metamorphosen durch, Hindernisse waren zu überwinden. Dann kam aber eine wirklich ideale Woche zustande, die allen Teilnehmern leuchtend in Erinnerung geblieben ist und immer bleiben wird.

In dieser Woche gab es zwei Aktionen in der Stadt, am Sonntag, den 8. Mai, zum 60. Jahrestag des Kriegsendes, und am 9. Mai, zu Schillers Todestag. Der 8. Mai war durch ein von mir angeregtes Europäisches Glockenrequiem eingeläutet worden. Allerdings hatten wir bei den Stuttgarter Kirchen keine Begeisterung zum Mitmachen erwecken können. Sonst wurde aber quer durch Deutschland und an manchen Orten Europas diese Anregung aufgegriffen. In manchen Gemeinden wurde die von mir hergestellte CD mit europäischen Glockenklängen gemeinsam angehört und dann noch selbst 12 Minuten lang geläutet. Das russische Fernsehen brachte die Glockenklänge mit Bildern von Hitleraufmärschen, vom Leid der Menschen, von den zerbombten Städten und abschließend mit einem Interview mit mir, das auf dem Roten Platz aufgezeichnet worden war.

Die Tagungsteilnehmer teilten sich in zwölf Gruppen, die sternförmig auf den zentralen Schlossplatz zugingen. Jeder hatte an einem Band einen kleinen Eisenstab und einen zweiten, mit dem er diesen zum Klingen bringen konnte. Der Gedanke war, die Stadt für die Bedeutung des Tages aufzuwecken und die Verstorbenen herbeizurufen. Wir hatten uns zuvor angeschaut, wie die Innenstadt am 8. Mai 1945 ausgesehen hatte. Dieses Bild belebten wir in uns. Auf dem Schlossplatz sammelten wir uns in einem großen Kreis. In der Mitte standen die Studenten unseres Priesterseminares in einem Quadrat, in alle vier Himmelsrichtungen blickend. Wir sangen am Anfang siebenstimmig »Tag des Zornes«, vertont von Klaus Knigge. Dann sprachen die Studenten »Völker der Erde« von Nelly Sachs. Von den Seiten her erklangen Gongs. Dann bewegte sich der Kreis so, dass aus ihm ein Stern wurde. Gemeinsam sprachen wir Schillers »Die Worte des Glaubens«. Dann verwandelte sich der Stern wieder in einen Kreis. Nun ging jeder an jedem vorbei, um einander zu begrüßen. Über den blauen Maihimmel zogen einzelne weiße Wolken. Die Stimmung war unvergesslich schön.

Am 9. Mai, zu Schillers Todestag, gingen wir in den Schlosspark. Von dort zog über die Königstraße zum Schillerplatz eine kreative Kette. Das heißt, der Erste nahm eine Haltung ein, in der er verharrte, dann der zweite und so weiter. Als alle 150 Teilnehmer so in allen möglichen heiteren Posen hintereinander standen, rannte der Letzte ganz nach vorn, um wieder der Erste zu werden usw. Ich ging mit weißer Perücke als Schiller herum, schrieb Autogramme auf Hände. Die ganze Sache war ein herrliches Spiel. »Der Mensch ist erst da ganz Mensch, wo er spielt«, sagt Schiller.

Auf dem Schillerplatz angekommen, benutzten wir den Sockel des Schillerdenkmals als Bühne. Hier postierten sich die drei Ideale Europas: Freiheit, Gleichheit, Brüderlichkeit. Vor ihnen gab es kurze Dreiminuten-Darstellungen der zwölf Tugenden als Wege hin zu den Idealen:

Freiheit:	Verschwiegenheit, Mut, Gedankenkontrolle, Geduld.
Gleichheit:	Zufriedenheit, Höflichkeit, Mitleid, Selbstlosigkeit.
Brüderlichkeit:	Ausdauer, Inneres Gleichgewicht, Devotion, Großmut.

Das dauerte etwa eine Stunde und gipfelte in einem großen Volkstanz, der den ganzen Schillerplatz erfüllte. Begleitet wurde mit Geige, Gitarren, irischer Harfe und Posaune. Man konnte den Eindruck gewinnen, dass Schiller mit uns einverstanden war.

2006 kam es in *Kiew* am Vorabend des 26. April, dem 20. Jahrestag der Reaktorkatastrophe in Tschernobyl, zu folgender Aktion:

Die männlichen Teilnehmer stellen sich in der Abenddämmerung auf dem Platz vor der Sophien-Kathedrale in einem großen Kreis auf. Jeder hält ein Glas mit einer noch nicht brennenden Kerze in der Hand. Die Teilnehmerinnen stehen in einem zweiten Kreis gleich daneben. Sie haben Gläser mit brennenden Kerzen in den Händen. Die beiden Kreise gehen langsam schreitend einmal herum, die Frauen Mitsonnen, die Männer Gegensonnen. Dann entzündet der erste Mann am Berührungspunkt der beiden Kreise seine Kerze an der Kerze der Frau, die ihm am nächsten steht. Der zweite folgt seinem Beispiel usw., die Kreise bewegen sich langsam ein zweites Mal herum. Nun begrüßt (küsst?) der erste Mann die ihm zunächst stehende Frau und geht in den Frauenkreis über. Die Frau geht in den Männerkreis über. So entsteht eine Lemniskate, bis die Kreise vollständig gewechselt haben. Bei einer zweiten Umdrehung der Lemniskate geht der erste Mann, die erste Frau in den anderen Kreis. Der zweite Mann, die zweite Frau bleibt im eigenen Kreis, der dritte Mann, die dritte Frau wieder in den anderen Kreis usw. So mischen sich die beiden Kreise, es entsteht eine »bunte Reihe«. Um die schöne Bewegung zu genießen, geht die ganze harmonische Acht noch einige Male herum, vielleicht gemeinsam etwas Entsprechendes singend. Nun stellt jeder sein Glas mit der brennenden Kerze auf den Boden. Alle bilden einen Kreis um die Lemniskate, stehen eine Zeit schweigend, das Ganze bedenkend.

Der männliche Kreis symbolisiert die einseitige Männerkultur der Neuzeit, die zu solch extremen Phänomenen wie der Atomtechnik geführt hat. Der Frauenkreis steht für die geistige Welt, die uns ganz nahe ist. Wir bemerken ihre Gegenwart und holen ihr Licht in unser Leben herein. Die

Lemniskate ist ein Bild für das harmonische Zusammenwirken geistiger und irdischer Welt. Nur in einem gemeinsamen Wirken mit den Wesen der geistigen Welt, können wir hoffen, die Schäden der Hochtechnologie wieder gut zu machen.

Es ging nicht ganz auf, deshalb mussten die über dreißigjährigen Frauen (etwa 5 Personen) noch zu den Männern in den Kreis. Dann waren es zwei Kreise zu je 50 Menschen. Die Lemniskate war wirklich sehr groß. Zum Abstellen der Kerzen verkleinerten wir sie dann noch. Während des Laufens spielte ein junges Streichquartett aus Prien Musik von Mozart.

Besonders eindrucksvoll war das Schweigen am Schluss. Die Stimmung war so, dass wir ruhig am Ende ein Vaterunser gemeinsam hätten sprechen können. Leider kam mir die Idee erst viel später.

2007 fand in *Dornach* vom 28. Juli bis zum 3. August eine erste große gemeinsame Tagung mit der Jugendsektion am Goetheanum statt. Zum krönenden Abschluss konnte in Basel auf dem Marktplatz eine Performance zum Thema der Tagung »Mitten drin« stattfinden. Die sah folgendermaßen aus: In der Mitte des Platzes war ein Trommler. Alle Teilnehmer (ca. 600) waren im großen Umkreis an den Rändern des Platzes, mit dem Rücken zum Zentrum stehend. Auf ein verabredetes Zeichen hin gingen alle langsam rückwärts zum Mittelpunkt des Platzes, auf den Klang der Trommel zu. Als kein weiteres Gehen mehr möglich war, drehten sich alle um und gingen wieder rückwärts zur Peripherie, jetzt mit dem Gesicht zur Mitte gerichtet. Es war wie ein großer Atemzug in die Mitte und wieder nach außen. Dann löste sich das Ganze in einen riesigen Volkstanzkreis mit einem improvisierten Tanzorchester in der Mitte.

2011 wollen wir in *Kiew* eine Tagung aus Anlass des 25. Jahrestages der Katastrophe von Tschernobyl veranstalten. Sie soll Pripjat genannt werden nach dem Namen der Stadt neben dem Unglücksreaktor, die damals für die Mitarbeiter gebaut wurde. Es lebten 30 000 Menschen dort, die wenige Tage nach der Havarie Hals über Kopf evakuiert wurden. Bis heute steht die Stadt so da, wie sie vor 25 Jahren verlassen wurde. Eine Geisterstadt im schrecklichsten Sinn. Für die in der Osterwoche stattfindende Jugendtagung besteht nun folgender Plan für eine gemeinsame Aktion: Der Mensch hat etwas getan, das die Erde vergiftet – und ist davongelaufen. Die große Sperrzone rund um den Reaktor spricht davon. Es soll durch eine Baumpflanzaktion ein Zeichen gesetzt werden. Wir werden mit Kiefern ein dunkles Kreuz pflanzen, um das ein heller Birkenkreis gelegt wird. Dies als Wort an die Erde: Dir ist geschadet worden. Es wird unsere Zukunftsaufgabe sein, durch lange Zeiten hindurch Belebendes für Deine Heilung zu unternehmen. Dies Zeichen sei ein erster Anfang.

Dieter Hornemann

Mit der Erde atmen lernen

Eine Hinführung zu Rudolf Steiners Seelenkalender

124 Seiten, kart.

Der »Seelenkalender« Rudolf Steiners ist eine Sammlung von 52 Meditationssprüchen, die uns Woche für Woche durch das Jahr geleiten möchten. Sie vertiefen und beleben unser Verhältnis zu den Naturvorgängen des Jahreslaufs.
»In modernen Berufen – den ganzen Tag im künstlichen Licht, in klimatisierten Räumen – merken wir oft nicht einmal mehr, in welcher Zeit des Jahres wir leben. Das aber macht uns seelisch arm. Wir verlieren den lebendigen Zusammenhang mit dem Leben der Erde. Einen solchen Zusammenhang auf bewusste Weise wieder zu erringen, dafür sollen diese Betrachtungen von Woche zu Woche eine Anregung geben … Die Wochensprüche sollen in keiner Weise ausgedeutet werden. Es soll ein Motiv, das durch sie angeregt wurde, bewegt werden, als Hinleitung zum Meditationsspruch.« *(Dieter Hornemann)*

URACHHAUS